Marie-Caroline Beylier

SERVI DI DUE PADRONI

Marie-Caroline Beylier

SERVI DI DUE PADRONI

Come la politica e la televisione si uniscono per manipolarci meglio

VOLUME 1

*Leggendo fra le righe i discorsi
di Silvio Berlusconi*

INTRODUZIONE

Una democrazia non può esistere
se non si mette sotto controllo la
televisione, o più precisamente non può
esistere a lungo fino a quando il potere
della televisione non sarà pienamente
scoperto. Dico così perché anche i
nemici della democrazia non sono
ancora del tutto consapevoli del potere
della televisione. Ma quando si saranno
resi conto fino in fondo di quello che
possono fare la useranno in tutti i modi,
anche nelle situazioni più pericolose.
Ma allora sarà troppo tardi.[1]

Karl R. POPPER

Il 26 gennaio del 1994 segnò una svolta importante nella tradizione oratoria politica: il primo discorso televisivo di Silvio Berlusconi come candidato alle elezioni parlamentari. Un discorso rivoluzionario per il linguaggio usato per rivolgersi agli italiani, nuovo per le tecniche visive adottate e per la modalità di presentazione. Un nuovo formato di comunicazione atto a "colpire" con forza persuasoria i suoi uditori. La comunicazione politica attuale è la naturale evoluzione di quella praticata dal 1994. Sicuramente l'espressione che ci viene in mente per caratterizzare l'elemento causale di questa era è "marketing politico, già praticato negli Stati Uniti d'America. Silvio Berlusconi è indiscutibilmente riuscito ad adattarlo a un Paese che fino ad allora aveva conosciuto un modello politico più classico e chiuso sotto la Prima Repubblica, a cominciare dal gergo che i politici praticavano fra di loro, nei media e di conseguenza per rivolgersi agli Italiani – il cosiddetto politichese –. Una delle prime conseguenze di questa svolta è la massificazione del messaggio politico, la sua penetrazione irruente nella vita dei cittadini. È il risultato di un connubio di presupposti, che pur volendo riassumere nel principio che per gestire bene un Paese basta gestirlo come un'azienda, non è sufficiente a rendere bene l'idea di quanto questo processo sia ben studiato.

Il campo è vasto e complesso ma, nella sostanza, arriviamo alle parole – il *logos* – della politica, condizione essenziale dell'essere della politica. La parola poi è avvolta nell'immagine e insieme attivano processi irrazionali ed emozionali nella mente dei telespettatori e in questo modo raffigurano l'immaginario collettivo. Ci concentreremo tuttavia in quest'opera sul linguaggio e sulle tecniche di stile adoperate per porsi davanti ai cittadini elettori, il cui scopo rimane sempre lo stesso in qualsiasi contesto, in qualsiasi epoca della Storia; ottenere il consenso.

Nelle società democratiche, che sono società di opinione pubblica in quanto la «democrazia è l'espressione massima del libero confronto delle idee e del dialogo»[2], fare il mestiere della politica consiste essenzialmente nel parlare. Il potere è la parola. Lo studio dei discorsi degli attori politici diventa allora un contributo prezioso per comprendere il funzionamento di questo tipo di regime. Come gli attori politici riescono a persuadere o a convincere che agiscono o agirono per il bene della vita in comune dei loro cittadini, che il loro interesse è il bene comune e dunque che meritano il sostegno e il consenso dei cittadini per attuare il loro programma politico? Come riescono a persuadere che la loro soluzione è la soluzione giusta ad un determinato problema? E infine, come riescono a fare credere che bisogna crederli? Con la parola. La parola politica è azione.

La prassi politica è allora manifestata dalla comunicazione, ma la comunicazione determina l'azione politica, la costituisce, la anticipa. Dire il fare, ma dire è anche fare. È la forma di vita che si caratterizza per essenza dal vivere in comune a cui si riferiscono i concetti di cittadino, civile, pubblico, socievole e dunque sociale. La politica persegue un intento politico, il *telos*, che va ricercato nel progetto sociale di ogni specifico contesto. Ogni Nazione porta il suo *telos*, che spesso sono solo gli eventi maggiori della Storia a rivelare.

La parola è propagata attraverso un mezzo che a sua volta determina e condiziona la ricezione della parola. Questo mezzo più influente per forza e per consumo è la televisione. La parola e la televisione, e più in generale i media, sono in concorrenza fra di loro o si completano a vicenda?

Nell'era dell'ipermediatizzazione della politica e della nostra vita da cittadini in generale, nonostante la predominanza della parola, potremmo pensare che ci sia una perdita della retorica nei discorsi e allocuzioni degli attori politici, fra altri attori pubblici. Il vuoto di senso sarebbe colmato dall'«eccesso di rumorosità e dalle tecniche ostruzionistiche»[3], secondo l'espressione di Roger Silverstone. Eppure, in controparte, «gli spazi che i media costruiscono per noi in pubblico e in privato, nei nostri occhi, nelle nostre orecchie e nella nostra immaginazione, sono costruiti retoricamente»[4] in modo talmente efficace che non ce ne accorgiamo.

I risultati del nostro lavoro mostrano come il ricorso a delle strategie retoriche precise da parte degli attori politici che sono in adeguazione con i media, non consentono di asserire che la retorica si sia ridotta a una funzione puramente ornamentale nella comunicazione politica. Semmai si è adeguata alle dinamiche del linguaggio dei media anche esso costruito seguendo schemi e tecniche dell'arte retorica.

La retorica è uno strumento rilevante per l'esercizio del potere, che non deve prescindere dal comportamento etico dell'attore politico. È altrettanto vero che è uno strumento efficace per opporsi, per resistere, a questo esercizio del potere ed è in questa dinamica che ci siamo impegnati, a monte, per «smascherare» — togliere la maschera alla sincerità per apparire *sine cera (senza cera)* — l'obiettivo concreto al quale mira il messaggio politico. Opporsi implica prima la comprensione acuta e critica delle strategie comunicative politiche scelte in funzione del retroscena politico. Questo consente di far venir a galla la realtà della «messa in scena» politica che viene creata in gran parte nell'interazione con i media. Perciò intendiamo far rifrangere la luce sul retroscena politico partendo da una sfaccettatura del prisma della prassi politica; nella comunicazione politica mediatizzata e secondariamente dagli attori dei media.

I media in generale hanno consentito ai poteri politici di fare da megafono amplificatore al messaggio emesso dagli attori politici, per il più delle volte consapevolmente ma, a volte anche, inconsapevolmente da entrambi gli attori della comunicazione politica mediatizzata. Uno dei ruoli che i media prendono volentieri a cuore è quello di «sbizzarrirsi» a fornire interpretazioni di parte ovvero «politicizzate» — senza necessariamente seguire delle direttive politiche — delle dichiarazioni, messaggi e perfino «soffiate» emessi dai politici. Che cosa i media ci comunicano e che cosa non dicono? Questa forse è una delle prime osservazioni che si possono fare a proposito dei media nei confronti della politica dalla quale derivano molteplici altre conseguenze che incidono sulla contesa politica. Se i media fanno a gara nel riportare le parole della politica, le intenzioni sono spesso interessate e le interpretazioni non sono necessariamente false, ma mettono in evidenza una realtà della nostra società che consuma i mezzi di comunicazione e di informazione; la sua composizione pluralista, elemento che giustifica l'impostazione del discorso alla Nazione generica e vuota di impronta ideologica troppo segnata e l'uso di una lingua semplice, il «gentese» secondo il termine usato per definire lo stile linguistico adoperato da Silvio Berlusconi.

Abbiamo svolto questo lavoro con la convinzione che l'analisi critica del cittadino sia il modo migliore per resistere al ridursi della politica al potere e al potere dei media che pretende dettarci quale sia la realtà travestendola con la disinformazione. Perché il paradosso della mediatizzazione della politica è la scomparsa del destinatario, del partecipante al dibattito; cioè del cittadino che è diventato telespettatore. Inoltre, siamo tutti interdipendenti ed interagiamo in una società la cui realtà spesso sfugge alla nostra comprensione. Tant'è vero che le evoluzioni e i cambiamenti a volte impiegano tempo a prepararsi mentre sembrano apparire improvvisamente.

Il telespettatore riceve un messaggio politico senza che gli sia data la possibilità di intervenire. Per di più è confrontato a un linguaggio politico notoriamente ambiguo, per riprendere le parole di Bobbio, cioè non è né necessariamente vero né necessariamente falso, a volte un po' entrambi e spesso verosimile. Tuttavia, nell'ambiguità, rimane la possibilità di smascherare la verità accuratamente nascosta fra i diversi livelli della stratificazione dei significati delle parole contenute nel discorso politico. Non come verità interpretata, ma come verità che viene o meno dalla dissociazione tra l'asserzione e l'azione in politica, come parola a confronto con i fatti.

Ed equivale a porci la seguente domanda: quale è il *telos*, o intento, che l'attore politico persegue enunciando il suo discorso?

Quest'opera è il condensato di uno studio condotto per cinque anni sull'analisi retorica di Capi di Stato quali George W. Bush e Jacques Chirac, e del Presidente del Consiglio Silvio Berlusconi. Per arrivare a tale risultato ci sono volute ricerche approfondite sui contesti politici di vari Stati e la costruzione di un metodo analitico adatto ad esplicitare il fine politico racchiuso ed implicito nel discorso. Il lettore troverà qui la presentazione dei risultati della ricerca relativa ai discorsi di Silvio Berlusconi, snellita dall'analisi metodologica e dal gergo linguistico utilizzato. L'approccio adoperato si presta all'analisi della comunicazione di qualsiasi attore politico e a prescindere dal quadro temporale. In quest'opera presentiamo tre discorsi politici di Silvio Berlusconi circoscritti nell'arco temporale 1994-2009.

Oggi ogni cittadino è anche consumatore dei media, e forse proprio per questo motivo ognuno di noi è messo davanti al compito e anche alla responsabilità di comprendere l'organizzazione e la costruzione dei messaggi politici che possono determinare e orientare la nostra partecipazione alla vita pubblica, già solo attraverso il voto. E vogliamo dare ai cittadini gli strumenti per esercitare il loro senso critico. Inoltre, dedichiamo in quest'opera semplificata una prima parte alla relazione e interdipendenza tra i media e la comunicazione politica. In seguito vedremo come questa interdipendenza avviene nel caso della comunicazione politica di Silvio Berlusconi. A questo punto, la domanda che ci interessa è la seguente: appare uno scarto tra il messaggio e l'obiettivo politico? Vedremo ciò che crea la manipolazione nella retorica politica e in che misura i mezzi televisivi la favoriscono. Trarremo un insieme di considerazioni per dare un nostro seppur umile ma, ci auguriamo, utile contributo alla riflessione sul nostro ruolo individuale nei confronti della realizzazione quotidiana della prassi politica, per i cittadini che siamo.

Capitolo primo

LA PRASSI POLITICA

La politica moderna è una professione, un mestiere vero e proprio. Si è professionalizzata con l'avvento dello Stato moderno e del suffragio. Ciò ha avuto come conseguenza lo sviluppo di competenze specificamente politiche, dove i professionisti della politica, a mano a mano che si specializzano, tendono a monopolizzare un determinato sapere nonché le tecniche politiche. La specializzazione, come sostiene Michels nella sua «legge ferrea dell'oligarchia», favorisce il dominio, dunque la specializzazione politica favorisce il dominio politico. L'avvento della comunicazione mass mediatica, dalla radio alla stampa, dalla televisione fino ad Internet, ha inoltre fortemente contribuito a professionalizzare uno degli aspetti del mestiere politico: la comunicazione. Il mestiere politico consiste infatti nel rappresentare, comunicare e decidere. Questi tre aspetti concretizzano i progetti della politica; sono al suo servizio e in quanto tali costituiscono la prassi.

La prassi, nome greco dell'azione, indica un «insieme di atti e pratiche in base ai quali si può riconoscere l'appartenenza sociale dell'attore che li attua in uno spazio dove incontra altri attori con i quali si confronta – nella lotta o nel semplice esercizio della socialità»[5]. La prassi è costituita da un insieme di strategie, di gesti e atti che mirano a fare evolvere una situazione istituzionale, i rapporti di forza e l'organizzazione dello Stato. È l'attuazione del progetto e, simbolicamente, lo spazio di attuazione della cittadinanza. Perciò azione e progetto sono indissociabili.

L'azione è inoltre collegata alla nozione di potere. Il potere di agire. È l'azione del potere. Ciò è tanto più vero nella prassi politica. Dopo la descrizione del mestiere politico in quanto rappresentare, comunicare e decidere, analizzeremo la nozione del potere politico nell'agire e nel decidere. Ciò ci permetterà di studiare la prassi politica nel contesto mass mediatico odierno e i rapporti fra queste due sfere che sono interdipendenti e che ci interessano particolarmente in quanto soggetto alla base dell'argomento trattato.

1. Il mestiere politico

1.1. Rappresentare

La prassi politica è una delle espressioni della vita sociale, coniando le forme, le strutture e le logiche di un insieme di rappresentazioni, nelle quali possiamo identificare le strategie, i discorsi e le messe in scena degli attori politici. In questo senso, il legame tra i cittadini e i politici è una relazione di rappresentazione.[6] Nessuna organizzazione politica può fare a meno del sostegno dei cittadini per governare e a maggior ragione nel regime democratico. Questo sostegno, che viene definito *consenso*, deriva dal principio di uguaglianza fondante di ogni rapporto sociale e si esprime nella prassi politica tramite il voto, ma non esclusivamente. Il voto è uno strumento che organizza la rappresentazione in quanto modo per designare i dirigenti e nello stesso tempo meccanismo di legittimazione del potere. E di conseguenza, questa legittimazione fonda l'autorità stessa del potere politico e delle sue istituzioni. Concretamente, nel gioco politico, ciò genera una lotta concorrenziale di attori politici che vivono della e per la politica, appoggiati da organizzazioni politiche in veste dei partiti che tendono a differenziare la loro offerta elettorale spesso in opposizione.[7] In questo campo di lotta, rilevante è l'istituzione del Parlamento, il cui ruolo è di inquadrare e delimitare l'espressione e l'ampiezza dei conflitti nella democrazia rappresentativa dove la sovranità è popolare. Quest'ultima ha in effetti instaurato il suffragio universale e nel gioco politico ha fatto sì che i rappresentati eletti siano revocabili in qualsiasi momento e che il loro potere di agire emani da un mandato

preciso e limitato nel tempo, in altre parole «imperativo».
Da ciò nasce il campo di competizione organizzato. E se
formalmente i rappresentati eletti sono i rappresentanti
di tutti i cittadini, sono prima ancora i rappresentanti
di una maggioranza politica e dunque di una categoria
di elettori. Incarnano *l'interesse generale*, ma attuano *gli
interessi particolari*. La *circolazione dell'informazione*
prende un'importanza rilevante tra governanti e governati
per raggiungere il livello di consenso più alto possibile.
La rappresentanza nella sua forma popolare suppone in
effetti la traduzione delle aspettative dei cittadini tramite
l'informazione.

> Il contatto diretto con gli elettori, come la
> "presenza sul terreno", consente di identificare
> le aspettative allo stesso modo se non meglio
> dei sondaggi o delle indagini d'opinione
> fugaci. Tramite questa relazione si nutrono delle
> interazioni personali e collettive (associazioni,
> gruppi di interesse, ecc.) che sono alla base
> di una relazione di scambi e dunque di un
> clientelismo.[8]

Già dal primo e basilare incarico dell'attore politico,
ovvero rappresentare, possiamo intuire il ruolo di primaria
importanza della comunicazione nel mestiere politico.

1.2. Comunicare

La comunicazione è vitale nell'agire politico. Non solo per informare e per ottenere il consenso dell'agire decisionale, ma affinché possa esistere l'attore politico. E inoltre prima del consenso bisogna agire sulle opinioni che i cittadini si fanno di un determinato problema. La comunicazione ha un circuito molto complesso, certo dovuto all'esplosione dei mass media e della loro attenzione alla *res publica*, ma di per sé la comunicazione, pubblica in questo caso, è per sua natura complessa, sottile e multipla. Basti pensare che essa avviene attraverso la parola e più ampiamente attraverso il discorso, ma anche in modo silente, perché la politica è anche un'arte dell'apparire.

L'argomento è vasto ed è studiato in varie discipline che si completano: la sociologia, la filosofia, la psicologia, le scienze politiche, la linguistica, la semiotica, la retorica. Qui ci limitiamo a circoscrivere l'importanza della comunicazione come agire in politica.

La rappresentazione e la comunicazione lavorano sulla *modifica delle percezioni della realtà sociale*. Come abbiamo detto, comunicando si può cercare di trasmettere informazione, modificare l'opinione, cambiare il comportamento dell'interlocutore o semplicemente esistere. L'esistenza della realtà politica e del suo agire è in effetti direttamente collegata e condizionata dal riconoscimento della *res publica*. Non è un'idea immediata, spontanea. È frutto di un processo di formazione, persino educativo, che avviene tramite la comunicazione per portare al riconoscimento del senso, della sua importanza e della consistenza; in altre parole della sua esistenza. A questo titolo, si individuano quattro «mediazioni»: **1.** le istituzioni che costituiscono e inquadrano la vita sociale, imponendo il loro rispetto; **2.** tutte le pratiche simboliche e i fatti tramite i quali attribuiamo un significato alla propria vita sociale, a cominciare con la scuola, potente mezzo di trasmissione dell'informazione e del sapere nonché con i media e i mezzi di informazione; **3.** i riti, i costumi e le pratiche sociali che ci accomunano; **4.** la storia, come sapere che ci consente di crearci la nostra rappresentazione della società.

È così che si osserva in questo processo di riconoscimento della realtà politica, una doppia comunicazione alla base delle società democratiche. Da un lato, ci sono «i media che assicurano la rappresentazione delle istituzioni presso i cittadini, che sono così in grado di riconoscerle»[9]. Dall'altro, ci sono «gli attori politici e gli eletti che assicurano la rappresentazione dei cittadini nell'ambito delle pratiche istituzionali che fondano la democrazia sotto forma di strategie di comunicazione e di informazione che assicurano la visibilità e ne ordinano il significato»[10].

I cittadini riconoscono e si riconoscono anche nella realtà politica, precisamente perché la forza della politica è di fondare e riconoscere delle logiche collettive nelle quali ogni cittadino può riconoscersi. C'è una specularità nella comunicazione politica, che ne fa una sua specificità e il nostro punto di partenza nel tentativo di circoscrivere la rilevanza e le caratteristiche dell'agire comunicativo nel mestiere politico.

È la comunicazione a costruire realmente la singolarità dell'atto politico, della sua esistenza e a fare della politica una prassi compiuta. Perciò, la comunicazione politica è vitale in quanto compie il ruolo di mediatore della rappresentazione simbolica del potere ed esercita contemporaneamente un'influenza simbolica e determinante grazie a forme ed espressioni da lei coniate e diffuse nello spazio pubblico. «La comunicazione politica dà la visibilità di un sistema di forme e di rappresentazioni simboliche agli attori che esercitano i loro poteri e attuano le scelte e gli orientamenti della mediazione politica.»[11]

A questo fine, pensare la comunicazione politica è pensare alle condizioni nelle quali il discorso e le strategie di comunicazione possano rappresentare le diverse appartenenze e le forme sociali organizzate dalla politica, insieme a quelle dei singoli attori politici. Lo spazio di mediazione è lo spazio di informazione e comunicazione che mettono in scena sia gli atti e i fatti politici sia gli attori politici che li rappresentano e che vengono interpretati dai cittadini. Possiamo individuare due dimensioni distinte nella comunicazione politica; da una parte l'atto politico oggettivo e dall'altra una dimensione soggettiva incarnata dall'immagine che i politici trasmettono.

La comunicazione è il vettore della posta in gioco della politica, della sua ricomposizione e delle sue strategie ed è per questo motivo che esercita un potere rilevante nella vita delle istituzioni. È importante per far «esistere» le strategie politiche, ma la comunicazione è anch'essa guidata dalle proprie strategie. Approfondiremo meglio questo aspetto nella seconda parte, anche perché è rilevante capire bene l'interrelazione tra la prassi politica in generale, la comunicazione politica e il sistema dei mass media. Specialmente oggi, con l'avvento dei mass media in politica, si considera che, se già nel regime rappresentativo si comunicava male, l'audiovisivo ha avuto un ruolo significativo nel sostituire la pessima comunicazione con l'assenza di comunicazione. Si parla infatti della televisione come strumento di legittimazione del potere. Aggiunto al fatto che, nel campo di forte concorrenza che è la politica, il bisogno di legittimazione si trasforma in un bisogno di conferme di legittimazione che viene chiamato dagli specialisti della comunicazione politica *Horse racing*. La comunicazione in campagna elettorale non è più limitata nel tempo in base alle scadenze dei mandati, è protratta nel tempo ininterrottamente.

Fondamentalmente, la comunicazione politica ricopre l'insieme delle azioni volute dai politici al fine di legittimare la loro decisione con la sua conseguente azione. Per questo motivo, la comunicazione è sempre esistita in politica, indipendentemente dall'esplosione dello sviluppo delle tecnologie della comunicazione.

1.3. Decidere

La prassi decisionale è l'espressione oggettiva dell'esercizio compiuto del potere nel campo politico che definisce lo statuto e l'identità dell'attore politico che ne è incaricato. Attraverso l'atto di decidere l'attore politico rivela e afferma nella realtà istituzionale la sua singolarità di cui ha la carica per il potere che gli è stato conferito e in ciò si distingue dagli altri. La particolarità del potere e del suo esercizio è infatti che non appartiene a molti, a volte nemmeno a pochi e più si sale nella gerarchia del potere più ci avviciniamo al singolo. Il presidente di una Nazione è uno ed è tale perché non vi è un altro ad avere la carica. Se l'ha lui vuol dire che non l'hanno gli altri. Nella lotta dei rapporti di forza, il detentore di un potere afferma la sua autorità per il fatto che l'arte del decidere è limitata tra gli individui. «La politica culmina nella decisione sovrana che non può mai, al contrario di ciò che insegna il positivismo giuridico, essere dedotta da una norma che la precede.»[12] Emana dalla volontà di chi detiene il potere, che fonda «la sovranità che definisce la politica come luogo ultimo della decisione e della differenziazione»[13].

Decidere necessita un profondo senso di responsabilità personale e fa sì che la politica non possa prescindere dalla morale. Per capire i principi e il processo di decisione insieme alla sua comunicazione, bisogna distinguere due dimensioni della decisione che sono alla radice della decisione politica; da una parte, abbiamo la decisione singolare, che impegna l'individuo nella sua realtà singolare e per il suo divenire personale; e dall'altra, abbiamo la decisione collettiva, che al di là dell'attore politico che la prende, impegna la società nella sua dimensione collettiva, nella sua organizzazione e per il suo futuro collettivo.

La decisione risponde alla domanda «cosa fare?» e si fonda su principi che formano una logica (arte di pensare) ed una morale (arte di vivere).[14] Se vogliamo prendere delle decisioni ragionevoli, servono valori fondati di conseguenza. L'idea di bene forma il contenuto dei principi e ricopre «l'insieme delle diverse realtà umane (cose, luoghi, attività, relazioni, ecc.) che possono contribuire alla nostra felicità» e «la bontà morale degli atti che compiamo alla ricerca della nostra felicità»[15]. Si tratta, nel processo di costruzione della decisione, di valutare in modo normativo una proposta che si presenta sotto la seguente forma: X è bene o Y è bene. Dove X o Y rappresentano delle virtù, delle convinzioni personali e politiche o delle istituzioni. Il coraggio, il rispetto della libertà, il servizio per il bene comune, sono alcune virtù che possono fondare una decisione. La patria, la famiglia e la democrazia sono invece valori istituzionali. Fondamentalmente, nel valutare il bene che fonda una decisione politica, i valori non si suddividono così in categorie separate ma sono interconnessi.

Per quanto riguarda invece il processo stesso dell'agire decisionale riportiamo i suoi momenti principali di comunicazione e di informazione, fasi che interessano il nostro studio e perché la decisione è un processo, inoltre, strettamente collegato alla comunicazione politica per la dimensione performativa del discorso dell'attore politico che la esplicita e per il fatto che la decisione a sua volta gli dà visibilità. Questi momenti sono essenzialmente due. La prima fase, è una tappa di dialogo tra attori politici ed esperti, consiglieri. È la fase che precede la decisione. La seconda fase di comunicazione avviene nella decisione tramite i media, le retoriche e le "tecniche" della decisione. È un processo politico ed istituzionale complesso in quanto articola la realtà oggettiva della decisione alla dimensione simbolica della stessa nonché alla sua non meno delicata dimensione immaginaria delle sue implicazioni. In effetti, è la comunicazione a fare entrare il processo decisionale nella sfera pubblica, dandogli anche il suo carattere democratico nella misura in cui non appena una decisione politica diventa pubblica (perché appunto «pubblicata») può essere oggetto di critiche, analisi, interrogativi ed opposizione. La comunicazione politica è per questo motivo un'istanza regolatrice «che si può paragonare all'istanza del metalinguaggio nella comunicazione: ne assicura il controllo e l'interpenetrabilità nel corso dei suoi diversi momenti»[16] dandole un ruolo di grande rilevanza nelle pratiche dell'esercizio del potere.

La dimensione simbolica della decisione rappresenta la fase compiuta del processo decisionale.

2. Il potere politico e il suo esercizio

Nell'ordine politico, lo Stato è l'organizzazione più tipica di coercizione politica definito «come un'impresa a carattere istituzionale la cui direzione amministrativa rivendica con successo, nell'applicazione dei regolamenti, su un determinato territorio, il monopolio della costrizione fisica legittima.»[17]. Precisando che il potere politico non si definisce qui tanto dai suoi fini quanto dai suoi mezzi attuati per raggiungere i fini prescelti, che sono la minaccia e l'applicazione della violenza. Altra caratteristica, la coercizione si trasforma in potere se è accettata e legittimata e innesca un atteggiamento di ubbidienza, prova del riconoscimento dell'autorità coercitiva dell'organizzazione politica.

Il potere politico è il potere di azione legittimo necessario per governare la collettività e esigere da essa un determinato comportamento attraverso il rispetto delle regole.

È inerente a qualsiasi tipo di società e oltre ad esigere il rispetto delle regole che la fonda, il potere politico, nel suo principio, limita all'interno del proprio funzionamento gli effetti della competizione tra individui e gruppi. Il rischio di chi detiene il potere è sempre di farne un uso abusivo mirando ad orientare le decisioni della collettività secondo interessi personali. Per questo aspetto il potere politico appare come un prodotto della competizione e nello stesso tempo come mezzo per contenerlo. Il potere politico ha dunque la funzione di proteggere la società da essa stessa, contro le sue debolezze, tenendola più lontana possibile dal rischio inerente una sua possibile disgregazione.

Il potere rivestito dalla sua dimensione simbolica, propria di qualsiasi cultura nella quale opera, consente alla collettività di affermare la sua coesione interna e nello stesso tempo di definire la «personalità» sociale nel relazionarsi con il mondo esterno; sono modi di auto-protezione nei confronti di ciò che è sconosciuto o non appartenente alle stesse componenti sociali di un popolo.

Il potere non è dominio, si costruisce nel confrontarsi con l'altro, sulla base del rispetto individuale e sociale inquadrato dalla legge o l'usanza. Diventa coercitivo quando l'ordine sociale è minacciato.

A livello del suo esercizio, il potere distingue chiaramente gli attori politici tra di loro, fra quelli che l'hanno e quelli che non l'hanno. Inoltre, nel regime democratico, il potere si conquista, si vince e lo si può perdere.

Nel mondo della comunicazione, il potere appartiene al più appariscente; a colui che sa conquistare e costruire la sua visibilità poggiandosi sul sistema dei mass media. Il potere è il criterio che distingue fra l'indistinguibile, la messa in posta della rappresentanza e delle sue attività simboliche.

E tuttavia, nella moderna democrazia, la politica si riduce spesso al potere, come semplice fine e sempre troppo spesso servitore di interessi personali o di un piccolo e limitato gruppo, e la partecipazione alla *res publica* è un modo di contenerlo. La partecipazione è tuttavia condizionata al superamento dell'individuo nel cittadino, nella capacità di andare oltre le peculiarità per trovare una volontà collettiva, unica capace di dare senso alla società e consentire il benessere, o meglio, la felicità della civiltà (fine dell'etica, dove in politica è deputata a valutare le sue ragioni) in una cittadinanza politica. La *res publica* non è data immediatamente all'individuo, deve passare da un processo che lo trasforma in cittadino. Di fronte ai rischi di soprusi del potere da parte dell'attore politico, il potere del cittadino in democrazia è il potere di volere e di pensare collettivamente e agire di conseguenza. Il potere del cittadino è l'unico a poter fronteggiare sia il ridursi della politica al potere sia il potere dei media che pretende di dettare la realtà, se non travestirla per disinformare e diffondere bugie. Quando l'uno e l'altro interagiscono attraverso un meccanismo di reciproca dipendenza, cambiano insieme la natura della comunicazione e le regole del gioco politico.

Capitolo secondo

LA PRASSI POLITICA NEL CONTESTO DELLA MEDIATIZZAZIONE POLITICA

L'anarchia nella comunicazione va sempre a vantaggio di quelli che tengono condotte manipolatrici.[18]

Jean-Marie Cotteret

Dalla fine degli anni sessanta, i mass media hanno massicciamente coperto fatti ed eventi della politica cambiandone la stessa posta in gioco. E hanno anche contemporaneamente cambiato le loro regole di funzionamento. Per vent'anni, furono definiti «quarto» potere, dopo quello legislativo, esecutivo e giudiziario in quanto capace di tutelare la prassi politica e di denunciarla quando necessario. Erano diventati tanto potenti da portare un presidente di Stato alle dimissioni[19]. Insieme ad un livello crescente di istruzione, i mezzi di comunicazione «sono stati i fattori più importanti nella rinascita mondiale di movimenti per i diritti civili e per la democrazia durante gli anni '80 e '90.»[20]

Oggi invece, da ormai circa vent'anni[21], la situazione è precipitata verso una perdita di credibilità e di fiducia da parte dei cittadini sia nei confronti dell'autorevolezza dei media sia nella politica e nei suoi attori. E per questo motivo, è necessario analizzare come le regole del funzionamento della politica sono cambiate con la prassi mediatica.

1. L'influenza dei media

In campo politico, i media hanno un ruolo di primo piano in quanto intervengono nella costruzione del linguaggio politico, nella sua dimensione estetica, nelle forme e le logiche attraverso cui gli impegni, le scelte politiche, le decisioni, i dibattiti e perfino le opposizioni acquisiscono una consistenza simbolica e di conseguenza una realtà condivisa e riconosciuta. Il fatto politico prende senso e consistenza tramite questo filtro mediatico che diventa supporto di rappresentanza politica.

A ciò si aggiunge la constatazione che la comunicazione politica ha assunto la dinamica stessa della forma pubblicitaria. «La sfera politica», dice Habermas, «è investita da una «Pubblicità» di dimostrazione e di manipolazione fabbricata dalle organizzazioni senza la collaborazione del pubblico, ormai vassallizzato»[22].

Questa devianza pone un problema notevole nella prassi politica a livello della sua autonomia, rispetto alla potenza dei media e del suo agire ridotto, alla comunicazione il cui messaggio è semplificato per raggiungere la massa, e per «adattarsi» alle esigenze tecnologiche dei media che non sono fatte per trasmettere discorsi complessi. Il paradosso della mediatizzazione della politica è, in questo quadro, la scomparsa del destinatario del messaggio politico, il partecipante al dibattito; ovvero il cittadino. L'asse delle interazioni si svolge dunque tra la sfera politica ed i media.

Di conseguenza, l'attore politico rivolge il suo discorso non più solo al cittadino, ma al telespettatore. Nel contesto dell'elocuzione, non guarda i cittadini, ma uno schermo piccolo sormontato da una piccola lampadina rossa nel quale legge il suo discorso. L'attore politico è da solo, senza conoscere l'effetto del suo discorso.

Il mezzo di comunicazione influenza e determina notevolmente tutte le dimensioni della comunicazione dell'attore politico, verbale o non verbale. La comunicazione politica, in particolare, impone di comunicare con delle metafore, delle immagini e dei paragoni che sono tecniche di semplificazione del discorso. L'effetto stilistico di semplificazione consente di produrre un messaggio più che vero, diciamo verosimile. Il verosimile è sinonimo di approssimativo, e di incerto, consentendo così di mascherare la bugia in politica. In effetti, l'importante è essere credibile e ciò a prescindere dal dire la verità. Questa sfumatura è determinante nella relazione di fiducia che ci deve essere tra l'attore politico ed i cittadini. Perciò, la credibilità deve riavvicinarsi alla verità per ritrovare il dialogo con i cittadini. La comunicazione politica deve ridiventare «fonte di riavvicinamento legale e legittimo tra quelli che hanno il potere e quelli che ci sono sottomessi»[23].

L'influenza dei media interviene su tre livelli:[24]

▸ I media assicurando l'elaborazione e la diffusione delle informazioni nel mondo, hanno una funzione di giudizio sulla notiziabilità degli avvenimenti e un potere sulla loro diffusione.

▸ Proponendo informazioni sul mondo, operano una selezione e una costruzione di un prodotto chiamato «notizia» che ha il potere di spostare, ristrutturare e fare evolvere i termini del dibattito pubblico. Che avviene anche semplicemente tramite l'uso di termini nuovi, di designazioni rinnovate e da punti di vista orientati sugli accadimenti.

▸ Inoltre, i media hanno un ruolo di arbitro nel dibattito politico grazie alla loro facoltà di creare nuovi attori di mediazione e di fare scomparire altri attraverso un processo di selezione del personale politico. La rappresentanza politica è dunque influenzata dai media che scelgono e creano così gli attori politici in termini di visibilità che, come abbiamo visto, determina l'esistenza o meno dell'attore politico.

A titolo esemplificativo, possiamo citare l'ultima normativa che garantisce la rappresentanza politica con specifico riguardo verso l'emittenza televisiva. È la legge del 22 febbraio 2000 n°28, più conosciuta sotto il nome di **par condicio**. Come dice l'espressione latina, l'obiettivo della cosiddetta par condicio è di garantire la parità di trattamenti, e in questa normativa, più specificamente, con *imparzialità ed equità di accesso all'informazione e alla comunicazione politica* da parte dei mezzi radiotelevisivi durante le campagne elettorali e referendarie a tutti i soggetti politici nei *programmi contenenti opinioni e valutazioni politiche* (art. 2 c. 1 e 2). Questa normativa che si applica a tutte le emittenti pubbliche e private che operano a livello nazionale viene a confermare il ruolo cruciale e di primo ordine che svolge la televisione fra i media nella comunicazione politica.

Vorremo inoltre aggiungere altre dimensioni dovute all'influenza dei media nella comunicazione politica.

▶ La semplificazione del messaggio politico per motivi di adeguamento al supporto televisivo costringe all'innovazione per rimediare all'affievolimento del contenuto. Inoltre, si può[25] sostenere che è proprio il mezzo della televisione a dettare il messaggio per due motivi; la televisione è innanzitutto un mezzo visivo per cui le parole si riducono al suono e si mettono da parte per lasciare il primo posto all'immagine.

Le parole trasmesse da questo mezzo conterebbero soltanto per il 10%.

▸ Innovare nel messaggio, ma anche nel suo supporto. La comunicazione politica conosce una competizione al livello dell'innovazione funzionale della sua comunicazione, fortemente enfatizzata dai media.

▸ I media, inoltre, accentuano l'individualità. «Davanti al suo schermo, il telespettatore aspetta di vedere emergere un viso, è attento alla voce, a un tono: un buon leader è quello che ha saputo costruire questa «differenza» grazie all'aiuto dei specialisti in marketing e in audiovisivo.»[26]

▸ E, infine, la deterritorializzazione della comunicazione politica che porta ciascuno di noi a vivere ormai la politica dalla propria poltrona[27]. Di conseguenza, non c'è più bisogno di spostarsi per attirare le folle, per comunicare un messaggio politico, e la folla non ha più bisogno di radunarsi per ricevere il messaggio politico dei diversi Paesi del mondo poiché si è trasformata in folla di telespettatori.

L'influenza dei media ha creato uno spazio pubblico mediatizzato in cui i mezzi di informazione tradizionali e quelli legati alle nuove tecnologie, fanno da nesso e al tempo stesso da contenitore, delle relazioni tra cittadini e attori in politica. Di conseguenza «la prassi dell'agire politico nelle democrazie occidentali avanzate si è trasformata in un processo permanente di organizzazione del consenso attraverso l'uso sistematico dei mass media. E il cittadino, unità singola dell'aggregato «pubblica opinione», è diventato un consumatore di comunicazione e «cliente» di una politica in cui i partiti hanno assunto le sembianze di aziende pubblicitarie.»[28]

2. Gli attori politici nel sistema mass mediatico

Fino all'avvento dell'era della comunicazione mass mediatica, la sfera politica era oggetto delle istituzioni politiche. La tendenza è cambiata nella storia contemporanea in quanto i media hanno preso un posto centrale nello spazio politico a scapito delle istituzioni politiche grazie al loro sviluppo veloce e crescente, alla loro diffusione in tutti gli aspetti che riguardano la società, alla crescita sensibile dell'attrezzatura nelle case, al numero di canali televisivi e radiofonici, nonché al consumo audiovisivo. E questa realtà nella prassi politica si verifica in particolare con la televisione.

Due momenti sono intervenuti in questo quadro per gli attori politici nella loro prassi comunicazionale; 1) l'iniziale necessità di interagire con il sistema mass mediatico per raggiungere i cittadini negoziando con i media tempi, modi e contenuti; 2) l'uso dei media, secondo strategie di marketing politico, come scena della lotta politica. La generalizzazione del marketing politico ha inoltre determinato l'esplosione del budget delle campagne elettorali, sia in Europa sia negli Stati Uniti. Si è creato così un'interdipendenza reciproca tra media e politica. I media dipendono in effetti dalle istituzioni politiche in quanto dispongono di informazioni necessarie all'elaborazione delle notizie.

> Negli Stati Uniti, il budget per la campagna elettorale è passato da 67 milioni di dollari nel 1972 a 550 milioni di dollari nel 2004, senza considerare le spese dei lobbies che corrisponderebbero ad un ammontare di 3 miliardi di dollari. In Francia, il budget stimato è passato da 6 milioni di euro nel 1974 a 70 milioni nel 1995 e 2002.

Una caratteristica della comunicazione dell'attore politico, e in particolare del presidente del Consiglio, è di essere focalizzata sulla sua personalità, che incarna la leadership e il potere più ambito e oggetto di competizione. La sua abilità a comunicare deve perciò farsi notare e distinguere dai concorrenti sapendo farne un uso mediatico a suo vantaggio. Ciò ha per conseguenza l'enfatizzare fortemente il ruolo del presidente al di là del suo potere e della sua autorità costituzionali per farne la figura massima della politica. È il caso del presidente francese, dove in realtà vige un sistema semi-presidenziale che condivide con il primo ministro, e del presidente statunitense che condivide il potere con il congresso, molto meno coperto dai media. «I media elettronici hanno giocato una parte importante nel cambiare la natura della presidenza, aumentandone il suo significato in quanto fonte di leadership strategica in un sistema politico altrimenti frammentato, e ponendolo perennemente al centro del governo del paese.»[29] Questo effetto non è neutro, nella misura in cui la maggior parte dei votanti acquisiscono la maggior parte delle informazioni sui candidati tramite la televisione che dà più importanza di quanto dovrebbe alle azioni, importanti o meno, del presidente in quanto capo dell'esecutivo.

Un'altra caratteristica della comunicazione dell'attore politico nel sistema dei media riguarda la sua retorica, che per raggiungere gli elettori e controllare l'agenda politica, «perché impongono alla comunicazione presidenziale un pedaggio in termini di «trattamento editoriale» troppo pesante e di fatto al di fuori del suo controllo»[30], usa due strategie chiamate *aggiramento* e *imbonimento*. La prima consiste nel manipolare i media per evitare di esporre il presidente alle domande dei giornalisti. La seconda invece consiste nell'instaurare un dialogo benevolente con i media e i giornalisti al fine di ottenere una copertura mediatica lusinghiera del presidente.[31]

3. Linguaggio e discorso politico

> Ciò di cui il pubblico fa esperienza è
> pur sempre il linguaggio sugli eventi
> politici piuttosto che gli eventi stessi.
> Il linguaggio politico è la realtà
> politica.[32]
>
> Murray Edelman

Il linguaggio e la politica intrattengono un rapporto complesso e ricco la cui finalità è comunicare. Comunicare per sedurre, per tessere un rapporto tra interlocutori che sono in una relazione disuguale per la spartizione del potere, disuguale per il capitale culturale che politici e dirigenti possiedono rispetto agli elettori, disuguale per la conoscenza delle questioni politiche tra chi agisce, decide e chi, più distaccato dalla negoziazione, vota. Gli attori politici hanno dunque l'esigenza di comunicare e perciò ricorrono a uno di questi mezzi che consiste nel rivolgersi ai cittadini sulla base di discorsi quali strumenti dell'arte retorica, ovvero l'arte di persuadere con degli argomenti che per essere efficaci devono innanzitutto esser argomenti convincenti e forti a sostegno di una proposta. La retorica è in qualche modo una mediazione simbolica della decisione che designa, infatti, una strumentalizzazione del linguaggio al fine di influenzare. In effetti è una forma di comunicazione che utilizza la parola e le forme simboliche dell'argomentazione per agire sulla decisione e sulle scelte dell'interlocutore.

Dissimulare senza mostrare che si dissimula, far apparire un'immagine fittizia rispetto agli intenti, fare la propria mossa nel gioco politico. Con quali mezzi se non con il linguaggio politico? Politica e linguaggio sono genitori l'uno dell'altra che insieme formano un'unità atta a creare le categorie politiche senza le quali la politica stessa non potrebbe esistere. Il linguaggio crea la condizione di esistenza della vita politica, sociale, economica, dovunque l'essere interagisce. Di nuovo, è con il linguaggio che l'essere umano prende coscienza di questa realtà complessa, organizzata con dei codici non innati che si chiama *politica*. Il linguaggio ha inevitabilmente un ruolo dinamico perché costituisce, nel senso più concreto del termine, sia la posta in gioco sia il vettore delle strategie politiche. È la situazione politica a politicizzare il discorso.

Capitolo terzo

DISCORSI DI SILVIO BERLUSCONI

Cosa fa il cattivo quando vuole apparire buono?

Si camuffa.

Una volta si camuffava con gli abiti.

Oggi con le parole. L'uomo cattivo fa discorsi, chiacchiera, parla. Batte sempre sullo stesso chiodo: lui è buono. Lo dice con tutti i mezzi a sua disposizione: i giornali, la radio, la televisione, la pubblicità, il cinema, la politica, i libri. Finché la gente ci crede.

E dice: lui è buono.[33]

1. Primo discorso

Il discorso del 26 gennaio 1994, è considerato come il primo discorso politico pronunciato da Silvio Berlusconi alla guida del nuovo movimento Forza Italia. In questo discorso pre-elettorale, questi annuncia la sua entrata in politica e la sua volontà a candidarsi alle elezioni del Parlamento di marzo 1994. È il cosiddetto discorso della «discesa in campo» politico, la cui espressione attinge al lessico calcistico e il cui significato nel gioco politico è rilevante, come vedremo nell'analisi che segue.

1.1. Discorso di S. Berlusconi del 26 gennaio 1994[34]

L'Italia è il Paese che amo. Qui ho le mie radici, le mie speranze, i miei orizzonti. Qui ho imparato, da mio padre e dalla vita, il mio mestiere di imprenditore. Qui ho appreso la passione per la libertà.

Ho scelto di scendere in campo e di occuparmi della cosa pubblica perché non voglio vivere in un Paese illiberale, governato da forze immature e da uomini legati a doppio filo a un passato politicamente ed economicamente fallimentare.

Per poter compiere questa nuova scelta di vita, ho rassegnato oggi stesso le mie dimissioni da ogni carica sociale nel gruppo che ho fondato. Rinuncio dunque al mio ruolo di editore e di imprenditore per mettere la mia esperienza e tutto il mio impegno a disposizione di una battaglia in cui credo con assoluta convinzione e con la più grande fermezza.

So quel che non voglio e, insieme con i molti italiani che mi hanno dato la loro fiducia in tutti questi anni, so anche quel che voglio. E ho anche la ragionevole speranza di riuscire a realizzarlo, in sincera e leale alleanza con tutte le forze liberali e democratiche che sentono il dovere civile di offrire al Paese una alternativa credibile al governo delle sinistre e dei comunisti.

La vecchia classe politica italiana è stata travolta dai fatti e superata dai tempi. L'autoaffondamento dei vecchi governanti, schiacciati dal peso del debito pubblico e dal sistema di finanziamento illegale dei partiti, lascia il Paese impreparato e incerto nel momento difficile del rinnovamento e del passaggio a una nuova Repubblica. Mai come in questo momento l'Italia, che giustamente diffida di profeti e salvatori, ha bisogno di persone con la testa sulle spalle e di esperienza consolidata, creative ed innovative, capaci di darle una mano, di far funzionare lo Stato.

Il movimento referendario ha condotto alla scelta popolare di un nuovo sistema di elezione del Parlamento. Ma affinché il nuovo sistema funzioni, è indispensabile che al cartello delle sinistre si opponga, un polo delle libertà che sia capace di attrarre a sé il meglio di un Paese pulito, ragionevole, moderno.

Di questo polo delle libertà dovranno far parte tutte le forze che si richiamano ai principi fondamentali delle democrazie occidentali, a partire da quel mondo cattolico che ha generosamente contribuito all'ultimo cinquantennio della nostra storia unitaria. L'importante è saper proporre anche ai cittadini italiani gli stessi obiettivi e gli stessi valori che hanno fin qui consentito lo sviluppo delle libertà in tutte le grandi democrazie occidentali.

Quegli obiettivi e quei valori che invece non hanno mai trovato piena cittadinanza in nessuno dei Paesi governati dai vecchi apparati comunisti, per quanto riverniciati e riciclati. Né si vede come a questa regola elementare potrebbe fare eccezione proprio l'Italia. Gli orfani i e i nostalgici del comunismo, infatti, non sono soltanto impreparati al governo del Paese. Portano con sé anche un retaggio ideologico che stride e fa a pugni con le esigenze di una amministrazione pubblica che voglia essere liberale in politica e liberista in economia.

Le nostre sinistre pretendono di essere cambiate. Dicono di essere diventate liberaldemocratiche. Ma non è vero. I loro uomini sono sempre gli stessi, la loro mentalità, la loro cultura, i loro più profondi convincimenti, i loro comportamenti sono rimasti gli stessi. Non credono nel mercato, non credono nell'iniziativa privata, non credono nel profitto, non credono nell'individuo. Non credono che il mondo possa migliorare attraverso l'apporto libero di tante persone tutte diverse l'una dall'altra. Non sono cambiati. Ascoltateli parlare, guardate i loro telegiornali pagati dallo Stato, leggete la loro stampa. Non credono più in niente. Vorrebbero trasformare il Paese in una piazza urlante, che grida, che inveisce, che condanna.

Per questo siamo costretti a contrapporci a loro. Perché noi crediamo nell'individuo, nella famiglia, nell'impresa, nella competizione, nello sviluppo, nell'efficienza, nel mercato libero e nella solidarietà, figlia della giustizia e della libertà.

Se ho deciso di scendere in campo con un nuovo movimento, e se ora chiedo di scendere in campo anche a voi, a tutti voi - ora, subito, prima che sia troppo tardi - è perché sogno, a occhi bene aperti, una società libera, di donne e di uomini, dove non ci sia la paura, dove al posto dell'invidia sociale e dell'odio di classe stiano la generosità, la dedizione, la solidarietà, l'amore per il lavoro, la tolleranza e il rispetto per la vita.

Il movimento politico che vi propongo si chiama, non a caso, Forza Italia. Ciò che vogliamo farne è una libera organizzazione di elettrici e di elettori di tipo totalmente nuovo: non l'ennesimo partito o l'ennesima fazione che nascono per dividere, ma una forza che nasce invece con l'obiettivo opposto; quello di unire, per dare finalmente all'Italia una maggioranza e un governo all'altezza delle esigenze più profondamente sentite dalla gente comune.

Ciò che vogliamo offrire agli italiani è una forza politica fatta di uomini totalmente nuovi. Ciò che vogliamo offrire alla nazione è un programma di governo fatto solo di impegni concreti e comprensibili. Noi vogliamo rinnovare la società italiana, noi vogliamo dare sostegno e fiducia a chi crea occupazione e benessere, noi vogliamo accettare e vincere le grandi sfide produttive e tecnologiche dell'Europa e del mondo moderno. Noi vogliamo offrire spazio a chiunque ha voglia di fare e di costruire il proprio futuro, al Nord come al Sud vogliamo un governo e una maggioranza parlamentare che sappiano dare adeguata dignità al nucleo originario di ogni società, alla famiglia, che sappiano rispettare ogni fede e che suscitino ragionevoli speranze per chi è più debole, per chi cerca lavoro, per chi ha bisogno di cure, per chi, dopo una vita operosa, ha diritto di vivere in serenità. Un governo e una maggioranza che portino più attenzione e rispetto all'ambiente, che sappiano opporsi con la massima determinazione alla criminalità, alla corruzione, alla droga. Che sappiano garantire ai cittadini più sicurezza, più ordine e più efficienza.

La storia d'Italia è ad una svolta. Da imprenditore, da cittadino e ora da cittadino che scende in campo, senza nessuna timidezza ma con la determinazione e la serenità che la vita mi ha insegnato, vi dico che è possibile farla finita con una politica di chiacchiere incomprensibili, di stupide baruffe e di politica senza mestiere. Vi dico che è possibile realizzare insieme un grande sogno: quello di un'Italia più giusta, più generosa verso chi ha bisogno più prospera e serena più moderna ed efficiente protagonista in Europa e nel mondo.

Vi dico che possiamo, vi dico che dobbiamo costruire insieme per noi e per i nostri figli, un nuovo miracolo italiano.

Silvio Berlusconi

1.2. Risultato dell'analisi retorica

Il lessico usato da Silvio Berlusconi è semplice e inquadrato in frasi a volte corte a volte più lunghe, ben scandite nel ritmo. Il linguaggio è fluido, chiaro e breve. Tutti possono capirlo. Ma pochi possono accedere ai dettagli del contenuto affinato del suo progetto. Questa semplicità semantica viene anche chiamata «ingenuità» da Dell'Anna[35]: «ingenuità perché tali frasi non possono non evocare l'oratoria mussoliniana» accostando il discorso di Berlusconi del 26 gennaio 1994 al discorso di Mussolini del 24 settembre 1925 alla riunione fascista di Asti dove dichiara: «Quello che più mi sospinge, che mi fa lavorare e persistere, è un'altra ambizione, un altro amore: l'amore di vedere grande la Patria, l'amore del popolo italiano! Perché io amo il popolo italiano [...] Il popolo sa che io lo amo e da tre anni me ne dà le prove.»[36].

Sullo stesso modello semantico, la sintassi del discorso è lineare, priva di qualsiasi architettura complicata; l'*ipotassi* è rara e comunque sempre limitata al minimo. Il tono è colloquiale, distaccandosi dal tono solenne di cui era improntato il linguaggio aulico e impenetrabile della Prima Repubblica. Semplice,

Ipotassi:
struttura sintattica delle frasi con subordinazioni a più livelli.

breve e dunque tagliente, secondo le spiegazioni del deputato Giorgio Stracquadanio:

[il discorso del 26 gennaio 1994 ha la] caratteristica [...] di avere la brevità del mezzo, cioè del mezzo televisivo. È un discorso dunque che poteva fare tranquillamente a ridosso di un telegiornale e di esser seguito senza che rappresentasse un eccesso di parole, di tempo...quindi è un discorso essenziale che deve dare tutto in pochissimo [tempo] ed è rivolto a tutti, ed è diverso dal discorso pubblico del teatro e della piazza che deve essere invece un discorso lungo perché è un po' come andare al cinema o al teatro o a un concerto di musica. Il pubblico che viene è come se pagasse il biglietto; se il cantante canta poco, si sente un po' svalutato. A teatro c'è il bis. In politica non c'è il bis ma c'è qualcosa di molto simile che è l'andare a braccio nella fase finale e nel fare crescere l'atmosfera. È uguale come a teatro, come allo stadio. L'evento pubblico collettivo è come il dramma greco; deve tendere ad uno sbocco che è tutto passionale, emozionale. Il discorso televisivo deve invece incidere come una lama, deve essere una sciabolata che scuote in un attimo, non deve consentire all'uditorio di staccarsi dal piccolo schermo. E in effetti, il discorso, se uno lo riguarda, ha una cosa che attira: fissa il problema dell'Italia in termini della sua dimensione storica, che coglie quello che sarebbe stata una fase del Paese che probabilmente durerà un ulteriore 10 anni. Lì nasce un nuovo assetto politico-istituzionale. Il tema del cambiamento politico istituzionale... e siamo ancora lì da un punto di vista delle leggi, ma sempre di più avvertiamo che quello è il vero cambiamento. E poi le riforme istituzionali si fanno di vola in volta. Quel discorso è in termine di cambiamento, radicale, epocale è rimasto ed è per il Popolo della Libertà il vero obiettivo. Cioè la successione a Berlusconi non è "chi" ma "cosa". Cioè se poi nasce il carisma, quello è il vero successore.[37]

Si capisce che il linguaggio è scelto per adattarsi alle esigenze del mezzo di diffusione; la televisione. Allora è ridotto al minimo e, al massimo della banalità, dietro alla quale nasconde drammatiche scorciatoie del pensiero.

La platealità del linguaggio è diventata oggetto della satira di programmi televisivi e radiofonici. Possiamo citare la trasmissione televisiva Tunnel in onda su Rai3 in cui da febbraio 2003 il comico Pier Francesco Loche impersona Berlusconi «che apriva immancabilmente i propri comizi con la frase «Ancona [o Ragusa, o Biella...] è il paese che amo!» chiedendo agli elettori di appoggiarlo «ora, subito, adesso» (cf. «ora, subito, prima che sia troppo tardi»)»[38]. Inoltre si possono citare il programma radiofonico «Tutti pazzi per RDS» che cita e usa frasi dette da Berlusconi, nonché il teatro Bagaglino i cui spettacoli vengono ritrasmessi in televisione su Canale 5.

Il discorso della «discesa in campo» è un discorso passionale, di dichiarazione d'amore e di ferma volontà di impegno per il suo Paese, simile a quello di Mussolini quando il 27 ottobre 1922 dichiarò nella Proclamazione della Marcia su Roma: «Chiamiamo Iddio sommo e lo spirito dei nostri cinquecentomila morti a testimoni che un solo impulso ci spinge, una sola volontà ci accoglie, una passione sola c'infiamma: contribuire alla salvezza ed alla grandezza della patria». Non per questo, il discorso è meno polemico. Anzi. Il discorso della «discesa in campo» è caratteristico per l'uso dell'*avvicinamento attanziale* a fine polemico, senza tuttavia precisare perché è polemico. Ci pare importante precisare questo aspetto; la costruzione del discorso a livello sintattico è così semplificata che rivela un contenuto assertivo e non argomentativo, dove gli argomenti sono imposti dall'oratore che non dà *logos* nel suo discorso. È bianco o nero, e bianco contro nero. L'uditorio non ha la possibilità di deliberare da sé in funzione degli argomenti presentatigli; è l'oratore che delibera e impone il giudizio da dare. A livello dell'effetto che provoca sugli uditori,

Avvicinamento attanziale:

tecnica retorica che mira a coinvolgere e a sedurre in modo che si crei una stretta identificazione tra l'oratore e l'uditorio.

la retorica assertiva dà significati che spontaneamente o attraggono o respingono. A livello del nesso tra messaggio e realtà, ci ritroviamo di fronte ad una trasformazione semantica della realtà e più precisamente di affabulazione[39]. A maggior ragione il tono è polemico in quanto Berlusconi non si preoccupa di dimostrare che ha ragione e gli altri torto, piuttosto «esorta con idee la cui evidenza è data per scontata, servendosi dei vari mezzi di cui la retorica dispone per amplificare e valorizzare quanto dice, implicando che la verità sta solo da una parte»[40].

Berlusconi annuncia la sua volontà di entrare in politica e la motiva con la necessità. La «discesa in campo» è contrapposta al «pericolo per il Paese». La necessità non è sua, ma quella del Paese. Non ha scelto di «scendere in campo», ma si è politicamente «auto-designato» e «auto-legittimato» per «scendere in campo», come si autonomina capo del suo movimento politico. Il termine stesso della «discesa in campo» è «una metafora che sta ad indicare una diversa forma di legittimazione, basata non più su una qualificazione per competenza politica stabilita da agenti esterni e collettivi [i partiti], ma sulla personale decisione di concorrere, sulla base di scopi autonomamente decisi e su una qualificazione derivante da una performance extrapolitica»[41]. Questo processo si ispira ad una logica *contrattuale* per opposizione ad una logica del *contatto* che l'oratore politico stabilisce con il suo uditorio di elettori. L'attore politico Berlusconi stringe un contratto prima di tutto con sé stesso

> [...] individuando una meta personale e vincolandosi a raggiungerla [...] e quindi trasformando questo impegno in un secondo contratto, proposto agli elettori sulla base dell'individuazione di obiettivi condivisi. In questa ottica la personalizzazione della politica ben si inserisce in quella tendenza [...] di spostare il fuoco della comunicazione politica dal *contatto* al *contratto*, che in termini retorici comporta il passaggio dalla prevalenza degli aspetti *patetici* a quella delle implicazioni *etiche*.[42]

L'obiettivo del contratto è la realizzazione di un «nuovo miracolo»: «Vi dico che possiamo, vi dico che dobbiamo costruire insieme per noi e per i nostri figli, un nuovo miracolo italiano». L'aggettivo nuovo ha un doppio significato; da un lato si riferisce al cambiamento politico che si oppone al vecchio stile della Prima Repubblica e dall'altro lato implica una ripetizione in senso di *rinnovare* un periodo già vissuto nella storia italiana. Berlusconi allude al miracolo economico che l'Italia ha conosciuto negli anni che vanno 1958 al 1963. In questo periodo, il suo tasso di sviluppo in Europa è inferiore solo a quello della Germania — allora paese trainante in Europa — e il divario che separa l'Italia dalla maggior parte dei paesi industrializzati è al minimo. I principali fattori che concorrono alla promozione del miracolo economico sono essenzialmente una congiuntura internazionale favorevole, una politica di libero scambio avviata negli anni '50, una modesta entità del prelievo fiscale e soprattutto un significativo scarto fra l'aumento della produttività e il basso livello dei salari che consentono profitti e tassi di investimento alti. Inoltre è interessante notare che la televisione insieme all'automobile furono gli strumenti di questo cambiamento sociale ed economico.

Da un punto di vista comunicazionale la scelta di Berlusconi è brillante, perché semplice nel contenuto e nella costruzione del discorso e retoricamente potente. Però, come dice Perelman, «la forza di un argomento dipende dall'adesione degli uditori alle premesse dell'argomentazione, dalla loro pertinenza, dal nesso più o meno lontano che può avere con la tesi difesa, dalle obiezioni che si potrebbe opporgli, dal modo i cui si potrebbe rifiutarle»[43]. Berlusconi imposta la sua tesi sul presupposto che l'uditorio, o meglio gli uditori, per riprendere Perelman, aderiscono alla sua tesi circa l'avversario politico. Mentre gli argomenti esposti per attaccarlo sono semplificati fino a diventare polemici, si ipotizza che gli uditori aderiscano o perché la pensino come Berlusconi – e dunque appartengono alla stessa corrente politica –, o perché si lasciano convincere meglio con un messaggio semplificato, oppure l'adesione è prodotto di strategie retoriche appena viste, capaci di annientare obiezioni perché non si trovano argomenti da opporre alla tesi dell'oratore.

Sta di fatto che Berlusconi riesce a convincere che lui, uomo del business senza esperienza in politica, è l'unico che ha l'esperienza necessaria e la capacità per offrire una nuova forza politica efficiente capace di contrastare un vecchio sistema politico, effettuando «una *trasposizione*, da un campo specifico di competenza ad un altro assai differente, sicché meriti e abilità nella sfera prepolitica degli affari, con le relative idee di vigore e saggezza operosa, divengono *tout court* mezzo di prova e garanzia dell'assolvimento di un compito squisitamente politico»[44]. Riesce a convincere, anche se il discorso è poco convincente nel *logos*, ma perché lo è per il *pathos* che suscita.

Benché plateale, il linguaggio è in realtà innervato da una batteria di tecniche retoriche, che l'oratore adopera intenzionalmente per fare presa sugli uditori. Convince non con la testa ma con le emozioni, altri direbbero, con la pancia. Fa appello all'irrazionale.

1.3. Contesto del discorso

Il presente discorso è il primo discorso televisivo di Silvio Berlusconi, allora candidato alle elezioni del Parlamento del marzo 1994. Berlusconi non ha avuto precedenti cariche comunali, regionali o statali né ha mai militato politicamente prima. Ci è sembrato importante partire da questo discorso per analizzare la comunicazione di Berlusconi nei vari momenti della sua carica di Presidente del Consiglio nel corso delle sue quattro legislature o come capo dell'opposizione alla conquista di un mandato. È, inoltre, un discorso importante per la carriera politica di Berlusconi, sul quale tornerà spesso

– perfino al Primo Congresso del Popolo della Libertà dei 27-29 marzo 2009 – riapplicandone la stessa forma retorica e contenutistica. Nella tradizione italiana della comunicazione istituzionale, il presente discorso costituisce un'innovazione mai vista prima; fino ad allora, solo il Presidente della Repubblica si rivolgeva direttamente ai cittadini italiani quando pronunciava discorsi solenni.

1.3.1. La «discesa in campo»

Il discorso lungo 9 minuti e 24 secondi è registrato in una videocassetta che viene inviata alla Fininvest, alla Rai e all'agenzia *Reuters* per essere trasmessa dalle ore 17.30 e ritrasmessa come uno spot pubblicitario nel telegiornale di Rete4, da altre reti Fininvest e dalla Rai. Il 26 gennaio 1994, giorno in cui annuncia la sua entrata in politica all'età di cinquantasette anni, si dimette dalla presidenza della sua azienda televisiva Fininvest per formare una coalizione alternativa alla sinistra.

1.3.2. Il contesto politico che precede la «discesa in campo»

La «discesa in campo» politico di Berlusconi interviene in un momento della storia politica italiana rilevante e determinante per il successo del leader. Conviene soffermarci sul contesto storico prima di passare ad un'analisi prettamente concentrata su Berlusconi.

La fase che precede l'arrivo in politica di Berlusconi con il presente discorso è chiamata da Riccardo Gualdo «la fase del terremoto politico». Un terremoto che in meno di cinque anni, tra il 1989 e il 1994, prepara il terreno ad una nuova azione politica e ad un nuovo modo di comunicare. È il tempo necessario per porre fine alla politica dei blocchi con la scomparsa del sistema partitico che l'Italia ha conosciuto dalle elezioni del 18 aprile 1948.

> La Democrazia Cristiana, presente in tutti i governi dal '48 al '92, si sfalda in più formazioni; la più importante di queste, il Partito Popolare Italiano, supera di poco il 10% dei consensi, per scendere al 6,8% nell'aprile '96: solo qualche anno prima, nel 1987, la DC aveva il 34,3%, e ancora nel '92 sfiorava il 30%. Per il Partito Comunista Italiano, che nel 1987 aveva il 26,6%, lo scossone della caduta del Muro di Berlino e la trasformazione in Partito Democratico della Sinistra sono due duri colpi: nel 1992 il PDS scende al 16,1%, risalendo al 20,6% nel 1994. Il Partito Socialista Italiano crolla dal 14,3% del 1987 al 2,2% del 1994. Alcune forze minori scompaiono o quasi dal panorama politico: specialmente i piccoli partiti "laici", dal Partito Liberale Italiano (PLI) a quello Socialdemocratico (PSDI), fino al Repubblicano (PRI), che all'inizio degli anni '80 avevano formato con DC e PSI la coalizione del *pentapartito*, al governo negli anni in cui il processo degenerativo del vecchio sistema partitico subiva una brusca accelerazione.[45]

Un altro fattore propizio a Berlusconi sono inconte-stabil-mente le inchieste «Mani pulite» di Tangentopoli che travolgono gli attori politici con accuse di corruzione, concussione e finanziamenti illeciti. Ciò lascia un vuoto politico che il nuovo partito Forza Italia viene ad occupare nel'94.

> Siamo all'inizio del luglio '92. Dopo poche settimane l'Italia [...] precipita politicamente. Alla fine di quello stesso mese c'è la strage di via d'Amelio a Palermo in cui muore Paolo Borsellino, l'erede di Giovanni Falcone e delle sue carte. Nel settembre successivo c'è la traumatica svalutazione della lira; intanto i partiti di governo vengono messi sotto accusa dal pool di Mani Pulite. Nel dicembre del '92 arriva il primo avviso di garanzia a Craxi, Giancarlo Caselli poco più di un mese dopo sbarca a Palermo alla guida di quella procura e Totò Riina viene arrestato (o si fa arrestare) subito dopo.[46]

Il 3 febbraio 1993 Craxi riceve il quarto avviso di garanzia e l'11 si dimette dalla segreteria del Partito Socialista italiano (Psi). Neanche Berlusconi è risparmiato nelle inchieste giudiziarie poiché la Fininvest è coinvolta nelle inchieste; la Procura di Milano troverà in un conto svizzero 21 miliardi di lire che secondo i magistrati era una tangente di Berlusconi per Bettino Craxi. All'inizio di aprile 1993, Craxi offre a Berlusconi di fondare una nuova corrente politica destinata a prendere l'eredità elettorale della Democrazia cristiana (Dc) per bloccare l'ascesa al governo della sinistra. Inoltre, a questo scopo politico, si associa per Berlusconi un fine aziendale in quanto il monopolio televisivo privato Fininvest, senza il supporto di Craxi, Andreotti e Forlani — il cosiddetto CAF — non avrebbe futuro; loro servono di supporto politico per proteggere Fininvest nel mirino delle inchieste giudiziarie «Mani pulite», oberata di debiti per 12 miliardi di lire[47].

Il 18 aprile 1993, mentre la Fininvest si mobilita con grande discrezione per preparare il nuovo partito di Berlusconi, Forza Italia, il referendum promosso dall'ex Dc Mario Segni modifica in senso maggioritario la legge elettorale proporzionale alla quale Berlusconi allude nel discordo che abbiamo analizzato. Come conseguenza di questa legge, Pomicino ne vede la perdita di autonomia del Parlamento, istituzione garante della democrazia per i cittadini:

> Perché si possa realizzare il bilanciamento all'interno dei poteri dello Stato e fra i poteri e quelli della società (la stampa, i circoli economici, i sindacati, la Confindustria e qualsiasi altra associazione professionale o produttiva) c'è bisogno che ogni potere conservi una propria autonomia. Senza questa autonomia c'è solo il dominio di un potere sull'altro e l'inizio di un percorso lungo il quale le libertà si riducono a un dato formale. E se il primo potere di uno Stato di diritto, e cioè il Parlamento, non vive della propria autonomia, la libertà complessiva del Paese diminuisce, perché l'attività legislativa sarà inevitabilmente al servizio di pochi interessi forti. Ma come fa il Parlamento a garantire questa sua autonomia e il libero esplicarsi di attività legislativa? Lo potrà fare solo se i suoi componenti sono scelti liberamente dal popolo sovrano con il proprio voto. Dal 1994 in poi tutto questo, in Italia, non è stato più possibile

grazie all'abolizione del sistema proporzionale e all'irrompere di un sistema uninominale maggioritario nel quale il potere elettivo è passato dalle mani del popolo a quelle di pochi oligarchi [...].[48]

Nell'ottobre 2005, la nuova legge elettorale porrà fine alle elezioni con il sistema maggioritario per ritornare a essere in parte proporzionale.

Con il discorso del 26 gennaio 1994, Berlusconi si dichiara ufficialmente candidato per le elezioni del parlamento e dichiara ufficialmente nato il nuovo partito della sua azienda Fininvest. Televisione e politica, televisione per la politica e politica per la sua televisione diventeranno così, per Berlusconi, un unico scopo.

1.3.3. I motivi della «discesa in campo»[49]

Marcello Dell'Utri, politico, imprenditore e co-fondatore del partito di Berlusconi nonché fedele consigliere di Berlusconi sin dal 1964 quando lavorava come segretario per questi, intervistato da Antonio Galdo, parlava del motivo che ha spinto Berlusconi a fare la sua discesa in campo:

Eravamo nel settembre del 1993, Berlusconi mi convocò nella sua villa di Arcore e mi disse:

"Marcello, dobbiamo fare un partito pronto a
scendere in campo alle prossime elezioni...". Lui
aveva provato in tutti i modi a convincere Segni
e Martinazzoli per costruire la nuova casa dei
moderati (...) "Vi metto a disposizione le mie
televisioni" aveva detto. Tutto inutile. E allora
decise che il partito dovevamo farlo noi. Poi c'era
l'aggressione delle procure e la situazione della
Fininvest con 5.000 miliardi di debiti. Franco
Tatò, che all'epoca era l'amministratore delegato
del gruppo, non vedeva vie d'uscita: "Cavaliere,
dobbiamo portare i libri in tribunale" (...). I fatti
poi, per fortuna, ci hanno dato ragione e oggi
posso dire che senza la decisione di scendere
in campo con un suo partito, Berlusconi non
avrebbe salvato la pelle e sarebbe finito come
Angelo Rizzoli che, con l'inchiesta della P2,
andò in carcere e perse l'azienda.[50]

Sempre a riguardo della Fininvest, il 25 febbraio
1994, il politico e giornalista Giuliano Ferrara afferma
in un'intervista per *La Stampa* quanto segue: «Sì, è
entrato in politica per impedire che gli portassero via la
roba»[51]. Mentre l'altro fedele amico di Berlusconi, Fedele
Confalonieri, presidente di Mediaset spa, Consigliere di
Amministrazione della Arnoldo Mondadori spa e Consigliere di Amministrazione del quotidiano «Il Giornale»,
nonché membro del Consiglio Direttivo e della Giunta
di Confindustria e di Assolombarda e, nell'ambito della
Federazione Radio Televisioni, Presidente dell'Associazione Televisioni Nazionali, afferma in un'intervista del
25 giugno 2000 per *La Repubblica*: «La verità è che, se
Berlusconi non fosse entrato in politica, se non avesse
fondato Forza Italia, noi oggi saremmo sotto un ponte o
in galera con l'accusa di mafia. Col cavolo che portavamo

a casa il proscioglimento nel lodo Mondadori. Ma questo non lo scriva»[52].

1.3.4. Rottura con la Prima Repubblica, nuova prassi politica per la Seconda Repubblica?

La politica della Seconda Repubblica e la politica berlusconiana in particolare è diventata una politica dell'economia:

> Il profitto infatti dev'essere l'obiettivo dell'*Homo oeconomicus*, e cioè l'imprenditore, mentre il garantire un giusto equilibrio tra questo valore e altri ugualmente fondamentali nella vita dell'uomo è un compito esclusivo della politica e, naturalmente, della cultura. Nel mondo, invece, e in maniera ancora più forte e visibile in Italia, la politica sembra essersi ritirata, lasciando così il suo potere nelle mani di circoli e interessi economici, ai quali nessuno può chiedere quello che non possono dare. Essi, infatti, anteporranno sempre il profitto individuale alla diffusione del benessere generale. È pur vero che l'uno è elemento dell'altro, ma chi persegue il profitto individuale non ha né la vocazione né gli strumenti per garantire il benessere generale. In questo intreccio c'è la ragione stessa della politica come potere autonomo e distinto dell'attività imprenditoriale.[53]

Il modello organizzativo della struttura partitica e della prassi governativa di Berlusconi corrobora questa tesi. In effetti, «nel gioco della politica Berlusconi modifica profondamente la distribuzione delle carte: importa in politica le tecniche del management delle imprese e della comunicazione mediatica proprio nel momento in cui i fondamenti dell'ordine dello Stato sono rimessi in discussione»[54]. Il partito politico è un'azienda e allo stesso modo, l'Italia è la grande azienda, perciò il Paese va governato secondo lo schema manageriale la cui posta in gioco è di natura economica. L'imprenditore costruisce il suo prodotto tenendo in considerazione prima di tutto i suoi clienti; meglio li conosce, più sarà in grado di assicurare il suo successo imprenditoriale. Nella prassi politica mediatizzata della Seconda Repubblica, Berlusconi conosce i cittadini-elettori che lo votano perché sono i suoi clienti; li ha studiati come consumatori della televisione e monitora il loro grado di apprezzamento o disprezzo delle azioni di governo grazie ai sondaggi.

Egli si presenta come il modello del liberalismo, dell'individualismo, dell'impresa, dell'arricchimento, della famiglia e della nazione, mescolando incessantemente un'arringa per la modernizzazione economica e un'esortazione a perseverare le tradizioni della società. In tal modo si sforza di aderire ai valori condivisi da una larga parte di italiani e di rispondere a certe loro aspirazioni o istanze, per esempio quando si tratta della definizione di italianità. Infine, Berlusconi intende soddisfare l'attesa di una parte dell'elettorato desiderosa di riconoscersi in un leader forte, il che non significa autoritario o dittatoriale, ma che abbia personalità, sia identificabile e comprensibile, esponga chiaramente le proprie intenzioni.[55]

L'organizzazione della prassi governativa risponde ugualmente a dinamiche non improntate dalla prassi politica, bensì più a un modo di intraprendere. A questo proposito, Paolo Cirino Pomicino rileva due aspetti fondamentali che sembrano caratterizzare il gioco degli schieramenti Destra-Sinistra della Seconda repubblica, nato sulle rovine della prima:

> Nel centrosinistra la competizione, allontanatasi dalle grandi tradizioni del Pci e del vecchio popolarismo democristiano, si era ridotta a una semplice lotta di clan [e alla conseguente esplosione di numerosi piccoli partiti di sinistra per ogni pensiero politico]; nel centrodestra prevaleva una volta per tutte l'idea berlusconiana del Parlamento del Principe, composto di dipendenti, amici personali, avvocati, medici, professionisti, tutti legati personalmente alle famiglie più importanti dello schieramento.[56]

Berlusconi in fondo introduce un radicale cambiamento di coinvolgimento e di partecipazione politici[57], nonché nuove forme di comunicazione politica. Pomicino ha descritto uno degli aspetti che compongono questo radicale cambiamento.

2. Secondo discorso

Il secondo discorso preso in considerazione è un discorso elettorale del 18 maggio 2003, trasmesso via satellite in collegamento diretto dalla villa di Arcore di Silvio Berlusconi con 126 città italiane. Silvio Berlusconi, Presidente del Consiglio, parla in veste di Presidente del suo movimento Forza Italia negli ultimi giorni di campagna elettorale per le amministrative dei 25 e 26 maggio 2003.

2.1. Discorso di S. Berlusconi del 18 maggio 2003[58]

Care amiche, cari amici, siamo qui insieme, uniti per celebrare questa Festa della libertà, per darci la mano come dice la nostra canzone, per sentirci più grandi, per continuare a credere insieme alla nuova storia che stiamo scrivendo dentro la storia d'Italia. La vita affannosa e convulsa che siamo costretti a vivere, le battaglie politiche che sono diventate sempre più aspre, gli impegni sempre più gravosi che si accavallano l'uno sull'altro a ritmo vertiginoso, il peso di quella che comunemente chiamiamo "ordinaria amministrazione", che poi ordinaria non è, tutto questo non ci consente di fermarci spesso a riflettere sui grandi valori ideali, sui fini e i presupposti del nostro impegno in politica. Capita così che anche chi, come noi, si è messo al servizio del Paese proprio in nome di quegli ideali e di quei valori, finisca per dare tutto per scontato, trascurando il bisogno di tornare invece a quelle fonti che, sole, possono vivificare la nostra azione. Ecco perché, in una giornata come questa, è utile e salutare accantonare per un momento quella "ordinaria amministrazione", dimenticare i veleni e le calunnie che ci scaglia contro quotidianamente la sinistra e riflettere invece, insieme, sui motivi ispiratori della nostra battaglia e della nostra missione. Questa giornata vuole essere perciò, deve essere un momento di riflessione intorno al principio fondamentale che ha ispirato la creazione e la successiva azione politica di Forza Italia: evitare al nostro Paese un futuro soffocante e illiberale, evitare, per essere chiari, la conquista del potere da parte dei comunisti, in sintesi salvaguardare e difendere la nostra libertà. Questa nostra ideologia, della libertà, questa nostra passione per la libertà, che in dottrina si chiama liberalismo, non ha certo l'appeal che hanno invece avuto, purtroppo, nel secolo che ci sta alle spalle, quelle ideologie terribili che hanno insanguinato il mondo: il nazismo e il comunismo. Il nazismo ha scatenato gli istinti più feroci, più belluini degli uomini, ha suscitato un desiderio di dominio dell'uomo sull'altro uomo, un delirio di onnipotenza e, con i campi di sterminio, una vertigine di distruzione.

Il comunismo, d'altra parte, si è presentato come un'utopia, come un bene, come la realizzazione in terra della Gerusalemme celeste, la città, la società dove non ci sono più lotte di classe, dove tutto è giusto, dove ciascuno dà secondo le proprie capacità di lavoro e prende, riceve secondo i propri bisogni. Di questa utopia è rimasto ancora molto nella politica e nella cultura di oggi. Si guarda ancora al comunismo come a un bene che non si è realizzato ma ancora come a un "bene", nonostante i milioni e milioni di morti che ha provocato, nonostante che in tutti i Paesi dove il comunismo si è affermato, abbia portato solo miseria, terrore, distruzione e morte. Nonostante che ancora oggi un miliardo e 300 milioni di persone vivano in regimi comunisti, dove non sono garantiti i diritti civili, dove non sono garantiti i diritti politici, dove chi è all'opposizione può scegliere solo tra il vivere in esilio o stare in carcere o addirittura al cimitero. Pensiamo a Cuba. Pensiamo alla Corea del Nord.

Questo è il comunismo che ancora oggi, in Italia, esercita questo suo fascino perverso, questa sua capacità di apparire come un bene quando invece la storia dimostra e noi sappiamo che è stata ed è l'impresa più criminale e più disumana della storia dell'uomo. Al comunismo, a questa concezione noi dobbiamo opporre il nostro credo cristiano e liberale dell'infinito, dell'assoluto valore della persona umana, di ciascuno di noi. Dobbiamo opporre a questa concezione la nostra "filosofia" della libertà, direi la nostra "religione" della libertà. Abbiamo dato una nostra definizione della libertà. Per noi la libertà è l'essenza dell'uomo, è l'essenza della nostra intelligenza e del nostro cuore, la libertà è l'essenza della nostra capacità di amare e di creare e Dio, fin dalle origini, l'uomo lo ha voluto così, lo ha voluto libero! Questa libertà o è totale o non è libertà. La libertà, una volta conquistata, non è data e garantita per sempre. La libertà richiede un'attenzione e una difesa continua. La storia dimostra infatti che la libertà non si perde quasi mai tutta in un colpo. Si può perdere a poco a poco, senza accorgersene, è come una corda tesa che non si spezza ad un tratto, ma che invece si allenta, si infeltrisce, si sfilaccia e alla fine diventa libertà minore, libertà imperfetta, libertà condizionata e ferita, libertà dimezzata, libertà che non c'è più. La sua difesa, la difesa della libertà è la missione più alta e nobile, più entusiasmante che ci sia. Per questo io mi congratulo con voi, per aver voluto organizzare questa giornata della libertà. Voi che per il vostro impegno politico potete ben dirvi apostoli, missionari di libertà, anzi guerrieri di libertà. Parlando altre volte con voi, nei nostri incontri, ho avuto modo di delineare, in estrema sintesi, quelli che io chiamo i quattro punti cardinali del liberalismo: la libertà, l'individualismo, o meglio la difesa dei diritti di tutte le persone, l'economia sociale di mercato, la necessità di controllare lo Stato e di mettere un limite alla sua attività. Questo diritto, il diritto alla libertà, un diritto inviolabile ed inalienabile, è il primo di tutti i diritti, è il bene sommo da cui derivano tutti gli altri e viene prima dello Stato. E' un diritto naturale, che ci appartiene in quanto esseri umani e che semmai, esso sì, fonda lo Stato che ha come compito primario quello di garantire a tutti l'esercizio della libertà.

Noi consideriamo e ne siamo profondamente convinti, che l'uomo sia sopra lo Stato, che l'uomo con i suoi diritti, venga prima dello Stato. Noi consideriamo che lo Stato non sia qualche cosa di superiore a noi ma che sia semplicemente una convenzione, un contratto tra di noi, anzi, per noi, donne e uomini di libertà, liberali, per noi cattolici liberali, lo Stato siamo, semplicemente, tutti noi. Non siamo, noi cittadini, al servizio dello Stato; ma è lo Stato al nostro servizio, al servizio dei cittadini. Lo Stato deve essere, anziché il padrone della vita dei cittadini, una struttura, una macchina efficiente al servizio dei cittadini, con il compito di garantire i diritti dei cittadini, primo tra tutti appunto la libertà. Ma cos'è infine questa libertà? La libertà è la possibilità per ciascuno di noi, di utilizzare le nostre conoscenze, le nostre risorse, le nostre capacità di lavoro, i nostri beni, quelli che possediamo legittimamente, con l'unico limite, con l'unico vincolo di non ledere i diritti degli altri.

Questo è il primo diritto che ci appartiene come persone, come uomini e donne, a cui si aggiungono tutti gli altri diritti: il diritto di proprietà, il diritto alla inviolabilità della nostra casa, della nostra corrispondenza, il diritto a riunirci, la libertà politica, la libertà religiosa, la libertà economica, il diritto ad essere giudicati da giudici imparziali, che siano sopra le parti, che non abbiano pregiudizi contro di noi e che non ci considerino loro nemici politici. Ma la libertà è anche un limite per lo Stato democratico, per lo Stato di diritto. E anche libertà contro l'oppressione dello Stato, contro l'oppressione fiscale, contro l'oppressione burocratica, contro l'invadenza dello Stato. Per noi liberali lo Stato non può arrivare dappertutto, non può essere invadente. Per noi lo Stato ha una sua propria e precisa sfera di azione, che non può valicare e c'è un principio grande di democrazia e di civiltà, che indica, delinea questa sfera e questi limiti. Si chiama il principio di sussidiarietà e invito tutti voi a familiarizzare con questo grande principio – ripeto – di democrazia e di libertà. Questo principio che è insieme liberale e cristiano, dice che lo Stato non può e non deve intervenire là dove i cittadini possono fare da soli, là dove i cittadini, attraverso le loro istituzioni sociali, attraverso la famiglia, le imprese, le associazioni del volontariato, possono arrivare da soli ad ottenere quei beni e quei servizi a cui tendono.

Lì lo Stato non deve intervenire, lì ci deve essere la piena libertà dei cittadini. Lo Stato invece può e deve intervenire solo là dove i cittadini, da soli, non riescono ad ottenere ciò che desiderano. Questo è il principio per il quale noi ci battiamo e che ispira la nostra concezione del federalismo e della devoluzione di alcune funzioni alle istituzioni locali. Questo principio dice anche che lo Stato centrale deve fermarsi là dove le istituzioni a lui inferiori, i governi locali, possono fare meglio. Questo è il federalismo che vogliamo per il nostro Paese: un federalismo solidale, giusto, che dia veramente ai cittadini la possibilità di controllare come sono spesi i loro soldi, come si comportano coloro che i cittadini eleggono per amministrare le loro comunità. Non deve fare quindi la Provincia ciò che può essere meglio fatto dal Comune, non deve fare la Regione ciò che può essere meglio fatto dalla Provincia e dal Comune, non deve fare lo Stato ciò che può meglio essere fatto dalla Regione ma non deve fare nemmeno l'istituzione europea, l'Europa, ciò che può essere meglio fatto dai singoli Stati. Per questo siamo impegnati nel Parlamento europeo a tutelare i diritti del nostro Paese, affinché l'Unione Europea non legiferi su materie che invece sono di competenza di ciascuno Stato e di ciascuna comunità nazionale. Questi sono i principi a cui ispireremo la nostra azione durante la presidenza italiana dell'Unione Europea.

Per noi, al contrario di quello che pensano i signori della sinistra, la libertà dei cittadini deve essere, quindi, la più ampia: i cittadini possono fare tutto ciò che non è espressamente vietato dalle leggi, per "lor signori", invece, che credono più nello Stato che nell'individuo, i cittadini possono fare soltanto ciò che è espressamente consentito dall'ordinamento giuridico. Per loro il benessere materiale è più importante della libertà. Quante volte ci siamo sentiti dire: affidatevi allo Stato, al partito, al sindacato. Avrete più garanzie, più sicurezza, più benessere. Non è vero, la Storia ci insegna che dove finisce la libertà, dove non c'è libertà non c'è neanche benessere.

Noi riteniamo ancora, da uomini di libertà, che l'economia si debba sviluppare liberamente, secondo le leggi della libera iniziativa e del libero mercato, nella competizione tra gli uomini. Noi riteniamo infatti che la competizione sia giusta e morale, riteniamo che gli uomini debbano avere uguali opportunità all'inizio, ma che poi ciascuno si debba affermare secondo i suoi meriti, secondo il suo talento, secondo il suo impegno, secondo la sua capacità di lavorare e di sacrificarsi. Per noi, voglio ripeterlo, la concorrenza, la competizione è giusta e morale. Per noi il progresso scientifico esiste perché c'è competizione fra gli uomini alla ricerca della conoscenza, della verità. Per noi la democrazia esiste perché c'è competizione tra uomini e idee diverse alla ricerca della migliore forma di governo. Per noi il benessere esiste, la prosperità esiste perché c'è competizione tra gli imprenditori che cercano il modo migliore per fabbricare i prodotti migliori, di più alta qualità al più basso costo, al fine di conquistarsi la preferenza e la fiducia dei consumatori che sono i veri padroni del mercato. Questa è la nostra concezione dell'economia liberale.

Da qui noi abbiamo tratto la nostra ricetta per risolvere i problemi del Paese. E il nostro lavoro è sotto gli occhi di tutti. Abbiamo lavorato e lavoriamo alla riforma del fisco, con la diminuzione delle aliquote per i ceti più deboli e l'aumento delle pensioni più basse, lavoriamo alla realizzazione delle infrastrutture che ci mancano, alla riforma della scuola, alla prevenzione dei reati per una maggiore sicurezza delle nostre città, alla riforma del mercato del lavoro e all'incremento dell'occupazione che in due anni è aumentata di 750.000 unità. Stiamo lavorando alacremente alla riforma della Pubblica Amministrazione per renderla più efficiente, più moderna attraverso la sua completa digitalizzazione. Abbiamo destinato al nostro Sud risorse molto più rilevanti di quelle del passato per il suo definitivo rilancio.

Abbiamo cambiato la nostra politica estera e la nostra azione diplomatica che, insieme, dopo anni di subalternità, hanno restituito prestigio, credibilità e autorevolezza al Paese. Il che ci ha consentito di essere artefici dello storico accordo tra Russia e Nato stipulato a Pratica di Mare nel maggio 2002.

Questi risultati li abbiamo conseguiti nonostante ciò che è avvenuto nel mondo dopo l'11 Settembre, dopo una recessione internazionale, dopo che tutta l'Europa ha subito e subisce le conseguenze della crisi economica mondiale. Ebbene, in una situazione di questo tipo, siamo riusciti a far aumentare fortemente l'occupazione e stiamo mantenendo tutti gli impegni che avevamo preso con gli italiani. Nel 1994 io che venivo da tutt'altra professione, una professione che mi piaceva e in cui mi realizzavo, mi vidi costretto, costretto è la parola giusta, a scendere in campo, perché il mio e il nostro Paese correva un grande rischio e dopo molte angosce presi quella decisione. Ci voleva coraggio, a scendere in campo. E io quel coraggio lo trovai, me lo diedi, lo trasmisi a tanti come voi che mi seguiste già dall'inizio in questa grande avventura in difesa della libertà. Ci radunammo insieme noi matti, e sembravamo davvero matti e tutti ci prendevano in giro. Ma io ho sempre pensato con Erasmo da Rotterdam che le cose più grandi nella vita e nella Storia, siano sempre frutto, non della ragione ma di una sana, lungimirante, visionaria follia. Con quella follia generosa noi ci trovammo insieme per la prima volta il 6 febbraio 1994 a Roma e io parlando a braccio, per la prima volta, enunciai il nostro progetto, la nostra voglia di cambiamento e i principi e i valori in cui credevamo e crediamo.

Noi – allora, nel '94, poi nel '96, nel 2001 e ancora oggi – abbiamo davvero chiamato e ritrovato, insieme a noi, e lo rappresentiamo ancora il popolo del 18 Aprile del 1948, quel popolo che non voleva i comunisti al governo del Paese, che scelse la libertà, la democrazia e l'Occidente e che si è riconosciuto e si riconosce in noi per i medesimi valori del 1948. Che sono, ripeto, la democrazia, la libertà, l'Occidente.

Noi ancora oggi ricordiamo con gratitudine i protagonisti di quel passaggio storico, che hanno garantito a tutti noi mezzo secolo di libertà nella democrazia, nel progresso e nel benessere. I nomi li conosciamo, Alcide De Gasperi, Giuseppe Saragat, Luigi Einaudi, Randolfo Pacciardi, Ugo la Malfa. Resteranno sempre nella nostra memoria e nel nostro cuore.

Queste sono le nostre radici. E anche per questo, per ricongiungerci al punto sano e forte delle origini della libertà e della democrazia in Italia, abbiamo voluto celebrare, oggi, questa festa della libertà.

Quelle mie convinzioni del 6 febbraio '94 sono diventate il nostro credo, la nostra preghiera laica, quella cui uniformiamo ogni giorno la nostra azione politica. Quella prima volta, quel 6 febbraio del 1994 mi vennero fuori, dalla testa e dal cuore, le parole che riascoltate adesso sembrano davvero ispirate. Rileggiamole insieme: noi crediamo nella libertà, in tutte le sue forme molteplici e vitali, nella libertà di pensiero e di opinione, nella libertà di espressione, nella libertà di culto, di tutti i culti, nella libertà di associazione. Crediamo nella libertà di impresa, nella libertà di mercato, regolata da norme certe, chiare e uguali per tutti. Ma la libertà non è graziosamente concessa dallo Stato, perché è ad esso anteriore, viene prima dello Stato. E' un diritto naturale, che ci appartiene in quanto esseri umani e che semmai, essa sì, fonda lo Stato. E lo Stato deve riconoscerla e difenderla – in tutte le sue forme – proprio per essere uno Stato legittimo, libero e democratico e non un tiranno arbitrario. Crediamo che lo Stato debba essere al servizio dei cittadini, e non i cittadini al servizio dello Stato. Crediamo che lo Stato debba essere il servitore del cittadino e non il cittadino il servitore dello Stato. Per questo – concretamente – crediamo nell'individuo e riteniamo che ciascuno debba avere il diritto di realizzare se stesso, di aspirare al benessere e alla felicità, di costruire con le proprie mani il proprio futuro, di poter educare i figli liberamente. Per questo crediamo nella famiglia, nucleo fondamentale della nostra società. E crediamo anche nell'impresa, a cui è demandato specialmente il grande valore sociale della creazione di lavoro, nella creazione di benessere e di ricchezza. Noi crediamo nei valori della nostra tradizione cristiana, nei valori irrinunciabili della vita, della pace, della solidarietà, della giustizia, della tolleranza verso tutti, a cominciare dai nostri avversari. E crediamo soprattutto nel rispetto e nell'amore verso chi è più debole, primi fra tutti i malati, i bambini, gli anziani, gli emarginati. Desideriamo vivere in un Paese moderno e libero, dove siano valori sentiti e condivisi la generosità, l'altruismo, la dedizione, la passione per il nostro lavoro e per la nostra Patria. Questo è, ancora oggi, il nostro credo. Questa è, ancora oggi, la nostra fede. Questi sono, ancora oggi, i nostri ideali. A tutti voi, che siete riuniti in 126 città d'Italia nel nome della libertà e nel segno di Forza Italia, e a tutti coloro che si accingono ad unirsi a noi aderendo a Forza Italia il saluto più affettuoso, gli auguri più cordiali da me, da tutti noi, azzurre e azzurri, l'abbraccio più forte e caloroso da Forza Italia, forza di libertà.

Silvio Berlusconi

2.2. Risultato dell'analisi retorica

Come per il primo discorso di Berlusconi che abbiamo analizzato, il discorso del 18 maggio 2003, fa uso di un linguaggio semplice, plateale, senza costruzioni ricercate o figure di stile complicate. Si accomuna in questo al primo discorso, a parte per le lunghe ridondanze che caratterizza il discorso per la Festa della Libertà. Nei passaggi più ridondanti, la struttura trasfrastica crea ulteriori *climax* per esaltare le virtù della libertà in tutti i campi dell'individuo che non devono essere limitate dall'azione dello Stato.

Climax:

«Figura che indica una progressione di parole che salgono di intensità (*climax ascendente*): *prendi, afferra, strappa* o che decrescono di intensità (*climax decrescente* o *anticlimax*): *grida, prega, sussurra*.»

[*Dizionario di Retorica e Stilistica*, pp. 49-50]

Nella scelta lessicale emergono uno sfondo patriottico e religioso che ha portato alcuni giornalisti a definire tale discorso una «preghiera laica»[59].

Come già accennato, il discorso presenta la dottrina del liberalismo, la cui messa in posta dell'enunciato verte su una performance nel presentare idee e concetti che concorrono alla formazione identitaria del movimento politico, che servono a determinare azioni politiche e che si propongono come modello alternativo al cosiddetto comunismo.

La demonizzazione degli avversari politici che Berlusconi raggruppa sotto la parola *comunismo* o *sinistra* che paragona al nazismo e che contrappone al *liberalismo* è esplicita, senza giri di parole, e ridondante. Possiamo ipotizzare che la demonizzazione dell'avversario svolga nella strategia retorica di Berlusconi un ruolo funzionale utile all'affabulazione circa la sua persona e di conseguenza del movimento Forza Italia che agisce politicamente insieme ai sostenitori «azzurri».

2.3. Contesto del discorso

Il discorso del 18 maggio 2003 è un messaggio elettorale la cui modalità di trasmissione rappresenta un esperimento ideato da Berlusconi e dal suo ufficio comunicazione. L'idea è riprodurre il contesto del comizio elettorale su 126 piazze italiane contemporaneamente.

2.3.1. Sperimentare il comizio in collegamento telematico

Nella messa in scena della comunicazione elettorale, il partito di Berlusconi sperimenta per la prima volta ciò che deve essere il comizio elettorale in 126 piazze italiane senza la presenza fisica del candidato grazie alla trasmissione telematica su schermi giganti: «Per questo avevamo chiamato «festa» perché volevamo riprodurre in tutta

Italia il comizio contemporaneamente; uno sperimento complicatissimo...»[60].

La difficoltà di spostare la comunicazione diretta del comizio alla comunicazione mediatica sottoposta ai requisiti che il format televisivo impone, dimostra quanto i due tipi di comunicazione siano difficili da mescolare e da sovrapporre:

> [l'abbiamo fatto] una volta soltanto. È difficilissimo da fare. Questo vuol dire prendere 120 piazze, vuol dire prendere e metterci gli schemi giganti, vuol dire raccogliere la gente e poi comunque il rapporto che c'è tra la presenza fisica e lo schermo non è lo stesso...cioè, non si può riprodurre il discorso di teatro con il televisore. E poi in effetti nelle elezioni successive [Berlusconi] girava come una trottola...[61]

2.3.2. Il messaggio: liberazione e libertà

Il messaggio elettorale che mira a raggruppare il bacino più esteso di potenziali sostenitori alle elezioni ha la caratteristica di essere elaborato intorno a idee che definiscono l'identità del movimento politico e dei suoi elettori. L'intento di questo tipo di discorso è fare proselitismo. Il messaggio del discorso analizzato è ideologico e di stampo liberale. Come abbiamo costatato Berlusconi fa un'apologia della libertà la cui azione porta alla liberazione dalle dittature quali il comunismo o il nazismo. Rielabora il senso simbolico della Liberazione italiana del 25 aprile 1945 di cui si è appropriato il comunismo italiano. È l'altra Italia che intende riunire nel suo partito, ovvero tutta l'Italia che non aderisce all'ideologia comunista e/o che ha un concetto di vita liberale. Don Gianni Baget Bozzo, che oltre a Stracquadanio, ha partecipato alla produzione del discorso spiega il senso della reinterpretazione della Liberazione che rappresenta tutto il succo del messaggio del Presidente di Forza Italia alla Festa della Libertà. Riportiamo parte di un articolo scritto da questi in occasione del discorso di Berlusconi del 25 aprile 2009 a Onna (Abruzzo). Riteniamo i commenti di Baget Bozzo pertinenti anche per il discorso del 18 maggio 2003 in quanto esplicitano l'obiettivo della reinterpretazione della Festa della Libertà già presentatosi in 2003, poi di nuovo nel 2009:

Il discorso di Berlusconi del 25 aprile [2009] è densamente articolato e rappresenta un importante messaggio politico. La maggioranza berlusconiana è divenuta l'unica maggioranza legittima esistente nel paese. Non era possibile che il suo leader fosse in una posizione di principio polemica riguardo a una festa nazionale scritta obbligatoriamente nel calendario della Repubblica. Divenuta maggioranza stabile, la coalizione berlusconiana non poteva vivere come scisma una festa nazionale.

Il compito di Berlusconi non era semplice, perché occorreva cambiare la tesi politica su cui la sinistra aveva costruito la sua egemonia nella lettura della storia italiana anche a livello istituzionale. Questa storia era costruita sul binomio Resistenza-Costituzione. La Resistenza veniva vista come atto del movimento partigiano, di una minoranza eroica che aveva liberato la nazione dal suo passato fascista e aveva fondato la nuova Costituzione, espressione della liberazione della storia italiana dalle sue pulsioni autoritarie. La Resistenza era interpretata come una rivoluzione e la Costituzione come un atto rivoluzionario, cioè un atto di nuovo inizio rispetto non solo al regime fascista, ma anche alla storia del paese. Alla base di questo stava la cultura del Pci, divenuta egemone, che rinunciava a fare in Italia la rivoluzione comunista: la presa del potere era resa impossibile dagli accordi di Yalta che portavano la firma di Stalin e consegnavano l'Italia all'Occidente. Ma il Partito Comunista ebbe la genialità di interpretare la Costituzione come rivoluzione, presentando se stesso come la chiave della Resistenza e come il fondatore politico della Costituzione.

Berlusconi poteva accettare il 25 aprile solo reinterpretandolo. E lo ha fatto sostituendo al concetto di Resistenza di una minoranza quello di una scelta per la libertà del popolo e della nazione italiana.[62]

Di fatti, Berlusconi prolunga questa reinterpretazione contrapponendo il 9 novembre, giorno della caduta del muro di Berlino dell'anno '89, al 25 aprile. L'intento iniziale era di porre il 9 novembre come simbolo della Liberazione dal comunismo e dunque come giorno di festa annuale del partito Forza Italia. Quando Berlusconi e il suo partito sono al Governo, gli impegni ne limitano la realizzazione regolare, più fattibile in periodo di riconquista del potere, quand'è all'opposizione. Detto in altre parole, l'idea di celebrare il 9 novembre è uno strumento di conquista del potere. Riconquistare il potere esecutivo vuol dire resistere, come ne sono il simbolo le date del 25 aprile e del 9 novembre per il movimento di Berlusconi. Il discorso « in effetti è un discorso che riprende tutto. Riprende i capisaldi delle ragioni stesse di resistenza ad un partito. Dunque stiamo lavorando su questi valori. Non stiamo facendo le elezioni perché tocca fare le elezioni. Stiamo facendo le elezioni perché noi vogliamo affermare questa favola di valori e queste sono le ragioni per cui siamo nati e che ci danno la spinta di andare avanti»[63].

3. Terzo discorso

Il discorso del 27 marzo 2009 è stato pronunciato a Roma in occasione dell'apertura del Primo Congresso del Popolo della Libertà. Il 29 marzo 2009 Silvio Berlusconi, dichiarato[64] Presidente del Popolo della Libertà, pronuncia il discorso di chiusura del congresso nel quale rilegge una parte del discorso della «discesa in campo» del 26 gennaio 1994.

Il discorso di apertura del congresso riassume sia l'affermazione dell'ideologia del movimento che il bilancio del percorso politico intrapreso da Berlusconi sin dal '94 in termini ideologici.

3.1. Discorso di S. Berlusconi del 27 marzo 2009

Amiche carissime, cari amici, la sera del 2 dicembre 2006, in piazza San Giovanni a Roma, di fronte ai due milioni di italiani che per la prima volta, contro il governo delle sinistre e delle tasse, sventolavano insieme le bandiere di Forza Italia, di Alleanza Nazionale e degli altri partiti moderati che, come noi, si riconoscono nei principi e nei valori della libertà mi vennero spontanee queste parole "Chi crede nella libertà non è mai solo".

Le stesse parole le ripeto oggi qui per celebrare con voi l'avverarsi di un grande sogno: la nascita ufficiale del "Popolo della Libertà", un movimento che in realtà è già nato, è già cresciuto, è già forte, è già vincente.

Il Popolo della libertà già esiste perché è nato nella mente e nel cuore di milioni di italiani, che lo hanno voluto e costruito nelle piazze, nelle strade, nei gazebo, e poi l'hanno votato, superando di slancio le divisioni partitiche del passato. E' un partito forte, il più grande per numero di consensi. E' un partito vincente, che si è già affermato in modo splendido nelle urne il 13-14 aprile 2008, e poi al Comune di Roma, poi nel Friuli Venezia Giulia, poi in Sicilia, poi in Abruzzo e poi in Sardegna.

Oggi i sondaggi ci danno al 43 per cento. Puntiamo al 51 per cento. Sappiamo come arrivarci, sono sicuro che ci arriveremo. Siamo moltissimi a credere negli stessi ideali: non solo qui, ma in ogni Comune d'Italia, in ogni casa, nei luoghi dove si studia, dove si lavora, dove si produce, al Nord, al Centro, al Sud, nelle nostre Isole.

Siamo un popolo operoso di donne e di uomini di tutte le età, giovani e meno giovani, che sanno essere tenaci e pazienti, che sanno essere umili e fieri, che credono nel futuro. Siamo una forza positiva, un'energia costruttiva al servizio del Paese. Siamo il partito degli italiani, siamo il partito degli italiani di buon senso e di buona volontà, siamo il partito degli italiani che amano la libertà e vogliono restare liberi.

Abbiamo già costruito qualcosa che prima non c'era, stiamo rendendo possibili in Italia il bipolarismo e la democrazia dell'alternanza. E' stato grazie a noi che la sovranità è stata restituita nelle mani del popolo, rompendo definitivamente lo schema per il quale prima si prendevano i voti e poi si diceva con chi e per che cosa si intendeva governare.

Gli italiani lo hanno capito e hanno dimostrato di condividere il metodo democratico del bipolarismo e, in prospettiva, del bipartitismo come base del confronto politico e della governabilità, senza la quale è impossibile avviare e condurre a termine una vera stagione di riforme e di ammodernamento dell'Italia.

I danni causati dalla mancanza di stabilità e di governabilità li conoscete.

Dal 1948 ad oggi, la Repubblica italiana ha visto succedersi ben 57 governi diversi, circa uno all'anno, che invece di ammodernare l'Italia hanno prodotto il terzo debito pubblico al mondo, senza che la nostra sia la terza economia del mondo. Nei Paesi trainanti dell'Europa la stabilità dell'esecutivo è stata un dato costante. Per questo in quei Paesi c'è un debito pubblico che, in percentuale, è la metà del nostro.

Le ultime elezioni politiche sono state, finalmente, un passo importante verso la stabilità e la governabilità, verso la modernità politica. Grazie a una legge elettorale voluta da noi e ingiustamente denigrata dalla sinistra, il 70 per cento degli italiani ha votato per due soli partiti, il Partito della Libertà e il Partito Democratico.

È un risultato di cui, gli italiani e noi, portiamo il merito insieme.

Dove non è riuscito il Palazzo, è riuscito il popolo. Dopo tante proposte di riforme istituzionali nel passato e dopo altrettanti fallimenti, per la prima volta si è attuata una riforma grazie all'intervento diretto del popolo, con le sue scelte di voto. E' stato, è un capolavoro politico degli italiani e nostro, di cui dobbiamo andare orgogliosi.

Abbiamo deciso di chiamarci Popolo della Libertà. Lo abbiamo deciso – voglio ricordarlo a tutti – dopo aver chiesto alla nostra gente, ai nostri simpatizzanti, agli elettori che già in passato ci avevano dato la loro fiducia, ma soprattutto ai giovani, alle donne, agli uomini, alle persone di ogni età che si avvicinavano a noi per la prima volta con la speranza nella mente e nel cuore. Abbiamo chiesto a loro di indicarci se volessero essere un "popolo" oppure un "partito", se volessero chiamarsi Popolo della Libertà o Partito della Libertà. Fu quella, del 17 e 18 novembre 2007, una consultazione che vide affluire e registrarsi spontaneamente ai nostri gazebo milioni di italiani. Un popolo autentico, genuino, estraneo ai riti del Palazzo, perché non c'erano candidati prefabbricati da approvare e apparati e nomenklature da confermare, nulla insomma di paragonabile ai rituali a cui abbiamo assistito nelle varie primarie della sinistra. C'era esclusivamente una libera scelta da compiere. E la scelta ci ha dato a grandissima maggioranza questa precisa indicazione: dovevamo essere un "popolo", prima ancora che un "partito": il Popolo della Libertà.

Vi chiedo di riflettere sul significato di quel referendum. Popolo e libertà definiscono compiutamente la nostra identità. Dicono chi siamo. Perché popolo e perché libertà? La nostra Costituzione, all'articolo 1, stabilisce: "La sovranità appartiene al popolo". La carta fondativa del nostro Stato fin dalla prima riga si richiama al popolo. Lo ricordo a noi stessi, ma anche a quanti, dall'altra parte, si nascondono ogni volta dietro una strumentale difesa della Costituzione, quasi fosse una loro esclusiva proprietà. Salvo poi cambiarla in peggio o dimenticarsi di attuarla e di praticarla nelle loro scelte. Noi invece l'abbiamo fatto, e oggi lo rivendichiamo con orgoglio. Ma il riferimento al popolo, termine così abusato dalla sinistra, ci riporta invece nel solco più ortodosso, più puro delle democrazie occidentali.

Nel 1787 Benjamin Franklin, Thomas Jefferson, George Washington e gli altri padri fondatori degli Stati Uniti d'America vollero iniziare con queste parole la loro Costituzione, che era al tempo stesso una dichiarazione d'indipendenza e di libertà: "Noi, il popolo degli Stati Uniti".

Anche la Dichiarazione dei diritti dell'uomo e del cittadino approvata in Francia nel 1789 pose al suo centro il popolo attraverso quattro principi: la libertà della persona, il diritto "inviolabile e sacro" alla proprietà, la sicurezza, la resistenza all'oppressione.

In Italia, negli anni tumultuosi del primo dopoguerra, don Luigi Sturzo fondò il Partito che chiamò Partito popolare. Ancora una volta al "popolo" veniva demandato di superare gli steccati ideologici e di classe.

Quanta lungimiranza vediamo ora in quella scelta, che fu ripresa nel dopoguerra da Alcide De Gasperi e che si è poi trasfusa intatta nel Partito del Popolo Europeo, la grande famiglia della democrazia e della libertà in Europa, la naturale famiglia del Popolo della Libertà.

Popolo dunque ma anche "Libertà". Questa parola, questo concetto ci appare così normale, quasi scontato, ma è invece il bene più prezioso che abbiamo.

La libertà, ce lo insegna la storia, non ci è mai data per sempre: essa va difesa ogni giorno, così come molti uomini eroici l'hanno difesa e per lei si sono sacrificati ed hanno perso la vita sui campi di battaglia, nelle rivoluzioni, nei gulag e nei lager.

Anche nel tempo della pace, la libertà va custodita come una religione. La nostra religione laica.

La libertà è come l'aria: soltanto quando manca comprendiamo veramente quanto sia indispensabile.

È come la salute: a cui non pensiamo quando stiamo bene, quando ci sentiamo forti e sani. Ci si accorge della libertà soltanto quando comincia a mancare.

La libertà è come la pace, soltanto quando c'è la guerra o solo quando c'è il pericolo di una guerra invochiamo la pace. La libertà, in un Paese moderno e democratico, definisce soprattutto il rapporto tra l'individuo e lo Stato. E qui siamo al cuore della nostra identità, al cuore della diversità tra noi e la sinistra. Per loro ancora oggi lo Stato è qualcosa di superiore ai cittadini: è lo Stato autoritario, centralista, dirigista. È lo Stato padrone di ogni uomo, il suo precettore, il suo pedagogo. E' lo Stato padrone della vita dei cittadini. I cittadini devono essere al servizio dello Stato, perché per la sinistra lo Stato è quasi un moloch, una divinità. Ma attenzione: ha solo le sembianze di una divinità, perché in realtà è potere, è l'esercizio del potere e dell'oligarchia.

Lo Stato per loro è la fonte dei nostri diritti, per loro lo Stato ci concede graziosamente i nostri diritti e quindi, quando ritiene sia suo interesse – cioè l'interesse di chi è al potere –, questi diritti può limitarli e anche calpestarli.

Hanno aggiornato il loro vocabolario ma non la loro concezione del potere: una concezione pericolosa, una concezione che ci allontana dalla libertà, dalla civiltà, ci allontana dalla democrazia, ci allontana dal benessere.

A questa concezione della sinistra noi contrapponiamo la nostra filosofia della libertà, la nostra "religione" della libertà. Di comune accordo, tutti i movimenti che confluiscono nel Popolo della Libertà hanno scelto come "Carta dei valori" il Manifesto del Partito del Popolo Europeo che anche noi abbiamo contribuito a definire.

I principi di questa Carta dei valori, i principi in cui noi crediamo non sono principi astrusi, non sono ideologie complicate; sono i valori fondanti e fondamentali di tutte le grandi democrazie occidentali. Li ho enumerati, parlando a braccio nel mio primo intervento nella trincea della politica, quindici anni fa e sono vivi e vivificanti oggi come allora.

Noi crediamo nella libertà, in tutte le sue forme, molteplici e vitali: nella libertà di pensiero e di opinione, nella libertà di espressione, nella libertà di culto, di tutti i culti, nella libertà di associazione. Crediamo nella libertà di impresa, nella libertà di mercato, che deve essere regolata da norme certe, chiare e uguali per tutti.

Ma la libertà non è una gentile concessione dello Stato, perché è ad esso anteriore, viene prima dello Stato. È un diritto naturale, che ci appartiene in quanto esseri umani e che semmai, essa sì, dà fondamento allo Stato. E lo Stato deve riconoscerla e difenderla proprio per essere uno Stato legittimo, libero e democratico e non un tiranno arbitrario.

Crediamo che lo Stato debba essere al servizio dei cittadini, e non i cittadini al servizio dello Stato. Crediamo che lo Stato debba essere il servitore del cittadino e non il cittadino sottomesso allo Stato.

Per questo crediamo nella centralità dell'individuo e riteniamo che ciascuno debba avere il diritto di realizzare sè stesso, di aspirare al benessere e alla felicità, di costruire con le proprie mani il proprio futuro, di poter educare i figli liberamente.

Per questo crediamo nella famiglia, che è il nucleo fondamentale della nostra società. E crediamo anche nell'impresa, a cui è demandato il grande valore sociale della creazione di lavoro, di benessere e di ricchezza.

Noi crediamo nei valori della nostra tradizione cristiana, nel valore irrinunciabile della vita, del bene comune, nel valore irrinunciabile della libertà di educazione e di apprendimento, nei valori irrinunciabili della pace, della solidarietà, della giustizia, della tolleranza, verso tutti, a cominciare dagli avversari.

E crediamo soprattutto nel rispetto e nell'amore verso chi è più debole, primi fra tutti i malati, i bambini, gli anziani, gli emarginati. Vogliamo vivere in un Paese moderno dove siano valori sentiti e condivisi la generosità, l'altruismo, la dedizione, la passione e l'amore per la propria famiglia, per il proprio lavoro, per la propria Patria. Popolo e Libertà. Dunque, il Popolo della Libertà. Ecco perché non è retorico affermare che oggi noi siamo il movimento, l'unico movimento, che realizza il sogno di un popolo, le speranze di un popolo, le attese di un popolo, l'unico partito che definisce l'identità del nostro popolo. Questo nostro partito, questo nostro movimento deve essere dunque anzitutto garanzia e baluardo di libertà.

Solo tenendo fede a questo solenne impegno, a questo giuramento, potremo chiedere e ottenere il consenso di un numero sempre maggiore di italiani per essere una maggioranza sempre più vasta in grado di riformare il nostro Paese.

In questo senso consentitemi di rivendicare un altro motivo di orgoglio. La nascita del Popolo della Libertà colma quella che molti studiosi hanno individuato come una lacuna nel percorso storico dell'Italia. L'Italia, si è spesso detto, non ha mai avuto - a differenza della Francia, degli Stati Uniti, dell'Inghilterra - una vera e autentica rivoluzione liberale. E questo, si è aggiunto, è stato tra le cause "prima" dell'affermarsi di pulsioni totalitarie a sinistra come a destra, "poi" del cattivo rapporto tra cittadino e Stato. Una democrazia in qualche maniera incompiuta.

Oggi noi abbiamo l'ambizione di colmare questo vuoto.

Di rispondere a quella domanda rimasta inevasa per lunghi decenni.

Di realizzare la nostra rivoluzione liberale, borghese e popolare, moderata e interclassista.

E di farlo con una forza che non ha precedenti nella nostra storia politica.

Dio sa quanto il Paese ne abbia bisogno.

Il percorso verso questo nostro Popolo della Libertà è stato fin dall'inizio definito in un clima di grande concordia. Direi di più: in un clima di armonia, espressione che a tutti noi ricorda Pinuccio Tatarella, uno dei primi a condividere l'aspirazione ad un grande partito unitario dei moderati, di tutti gli italiani che non si riconoscono nella sinistra.

Di più. Questa vocazione maggioritaria era già presente nel momento in cui invitai a votare alle elezioni di Roma del '93 per Gianfranco Fini e non per Rutelli, ed i dirigenti del Movimento Sociale Italiano ebbero il merito di capire la portata di quella intuizione. Intuizione che trovò attuazione pratica in tre passaggi fondamentali: il 26 gennaio 1994, giorno in cui nacque Forza Italia; sempre in quel gennaio '94, quando i dirigenti del Movimento Sociale Italiano iniziarono a discutere di Alleanza Nazionale; e poi con il congresso di Fiuggi del 27 gennaio 1995, quando Fini diede vita ad Alleanza Nazionale.

Giustamente quella di Fiuggi è passata alla storia come una svolta: si trattò infatti dell'autentica rifondazione della destra. Che seppe allora chiudere coraggiosamente con un passato che la destinava ad essere minoranza, e si aprì ad un futuro di moderna forza di governo pienamente legittimata sulla scena italiana ed europea.

Gli osservatori più banali coniarono il termine di "sdoganamento" della destra. Una visione davvero riduttiva, un termine inaccettabile perché – come ha già detto anche Gianfranco – non si applica alle idee, soprattutto alle idee giuste, che sanno imporsi da sole.

Per questo desidero rivolgere a Gianfranco un ringraziamento e un saluto affettuoso perché anteponendo l'interesse dell'Italia a quello personale ha contribuito in modo decisivo a scrivere insieme a noi questa pagina di storia.

Grazie Gianfranco, grazie ancora da tutti noi.

Le nostre idee erano e sono vincenti. Forza Italia e Alleanza Nazionale hanno infatti sempre avuto la naturale disposizione a rappresentare non una parte, ma l'interesse generale del Paese. Fu così che nella confusione di quegli anni noi sapemmo offrire una risposta nazionale a un'emergenza democratica. Una storia iniziata col Polo delle Libertà e il Polo del Buongoverno, consolidata dalla "Traversata del deserto", proseguita con la Casa delle Libertà, e che oggi trova qui il suo approdo naturale e definitivo. E' per me doveroso ringraziare tutti i partiti, i movimenti e le personalità che, insieme a Forza Italia e ad Alleanza Nazionale, hanno contribuito alla nascita del Popolo della Libertà, con un voto solenne di autoscioglimento prima e di adesione poi:

- la Nuova Dc per le autonomie di Gianfranco Rotondi,

- il Nuovo Psi di Stefano Caldoro,

- il Partito Repubblicano di Francesco Nucara,

- l'Azione Sociale di Alessandra Mussolini,

- i Popolari Liberali di Carlo Giovanardi,

- i Liberaldemocratici di Lamberto Dini,

- il Movimento Politico Italiani nel mondo di Sergio De Gregorio,

- il Movimento Politico per la Liguria di Sandro Biasotti,

- la Destra Libertaria di Luciano Bonocore,

- la Federazione dei Cristiani Popolari di Mario Baccini.

Ringrazio anche Benedetto della Vedova che è confluito da tempo nel Popolo della Libertà con i suoi Riformatori Liberali.

Ringrazio Stefania Craxi, figlia e degna erede politica di un mio carissimo amico, Bettino Craxi, che ebbe, tra gli altri, un grande merito: fu il primo presidente del Consiglio a rivolgersi nel Parlamento ai banchi della destra garantendo che il partito della destra sarebbe stato trattato alla pari di tutti gli altri partiti democratici superando così l'idea che la vera Costituzione italiana fosse l'accordo tra la Democrazia Cristiana e il Partito Comunista. Fu così che egli decretò nei fatti la fine del cosiddetto "arco costituzionale".

In quel 1994, con la Casa delle Libertà i concetti di popolo e di nazione che definivano il termine Italia erano il solo criterio che ponemmo alla base di un movimento rivolto agli italiani che non si riconoscevano nell'egemonia della sinistra postcomunista dopo la fine dei partiti storici della democrazia italiana. Solo con concetti così universali come "Italia", "popolo" e "nazione" ci fu possibile rivolgerci allora, sia alla Lega Nord sia al Movimento Sociale, così diversi nelle loro origini.

Ci trovammo a svolgere il ruolo di argine a un possibile elemento di conflitto civile determinato dall'incedere della protesta del Settentrione. L'adesione al Trattato di Maastricht e la prospettiva dell'euro avevano profondamente cambiato l'economia italiana. Il Nord produttivo entrò in rotta di collisione col sistema dei partiti e della spesa pubblica, e questo condusse a una protesta profonda e diffusa, che dal popolo delle partite Iva si allargò al mondo industriale e alle classi dirigenti. Umberto Bossi seppe comprendere per primo e per primo dare una risposta politica al malessere del Nord.

Era assolutamente necessario ritrovare il sentimento di "Italia come Patria" anche nel Nord, per poter dare ai problemi posti dalla Lega una risposta che evitasse ogni tentazione separatista. Offrimmo allora a Bossi una via che tenesse conto e accogliesse il sentimento del Nord ed evitasse i danni di un confronto senza mediazione politica tra la Lega e lo Stato.

Come su un altro terreno Gianfranco Fini, anche Bossi si rivelò un vero leader, un leader coraggioso e lungimirante. Ed anche a lui inviamo un caldo abbraccio ed un grande applauso.

Sono stati quindici anni nei quali, come ho detto, abbiamo conosciuto stagioni di governo e di opposizione; ma in tutto questo tempo – lo dico con orgoglio – il centrodestra è sempre stato maggioranza nel Paese. Un'avventura entusiasmante e – possiamo ben dirlo – vittoriosa.

Guardiamo le cose nel loro giusto orizzonte. La sinistra, uscita quasi indenne dalla tempesta politicogiudiziaria del '92-'93, e risparmiata in modo "chirurgico" dalle inchieste della magistratura militante, è entrata in quel periodo da trionfatrice tra le macerie della Prima Repubblica, come l'Armata Rossa entrò tra i palazzi diroccati di Varsavia e di Berlino, dopo avere opportunisticamente atteso alle frontiere.

Nel '94 il Pci si era da poco trasformato in Pds, mantenendo intatti del Partito comunista, la struttura, l'intero gruppo dirigente, il centralismo democratico, ed anche la falce e il martello. Ma soprattutto non rinnegando nulla di quelle idee condannate per sempre dalla storia – eppure il muro di Berlino era stato abbattuto nell'89 – e ritenendo che per reinventarsi bastasse semplicemente sostituire una parola: "democratici" al posto di "comunisti". Un inganno che si è ripetuto e si ripeterà spesso.

Unica novità, il venir meno dei finanziamenti illeciti dall'Unione sovietica ormai scomparsa. La sinistra era convinta di "dover" andare al governo, di avere il diritto di governare.

Ma la "gioiosa macchina da guerra", guidata nel 1994 da Achille Occhetto contro il sottoscritto, fallì l'impresa. Da allora, in questi quindici anni, con varie trasformazioni, con varie geometrie, con vari camuffamenti, la sinistra non è mai mutata.

Non una sinistra, dunque, che guardava al centro e aspirava a conquistare il consenso dei moderati; ma una sinistra che mirava a riunire tutte le sinistre possibili, e ad imporre i suoi modelli egemonici a chi, fino a poco prima, era stato laico, democratico, socialista o democristiano.

Il tutto sotto l'occhio benevolo e complice della assoluta maggioranza della stampa e delle proprietà azionarie sovrastanti; dei circoli intellettuali; dei cosiddetti salotti buoni, comprese le loro ramificazioni all'estero. E naturalmente con la complicità di una certa magistratura.

"Repetita iuvant", si dice da sempre. Per descrivere la sinistra, non trovo parole più chiare ed efficaci di quelle che pronunciai il giorno della mia discesa in campo.

Dissi: "Le nostre sinistre pretendono di essere cambiate. Dicono di essere diventate liberaldemocratiche. Ma non è vero. I loro uomini sono sempre gli stessi, la loro mentalità, la loro cultura, i loro più profondi convincimenti, i loro comportamenti sono rimasti gli stessi. Non credono nel mercato, non credono nell'iniziativa privata, non credono nell'individuo. Non credono che il mondo possa migliorare attraverso l'apporto libero di tante persone tutte diverse l'una dall'altra. Non sono cambiati. Ascoltateli parlare. Guardate i loro telegiornali pagati dallo Stato, leggete la loro stampa. Non credono più in niente. Vorrebbero trasformare il Paese in una piazza urlante, che grida, che inveisce, che condanna. Per questo siamo stati costretti a contrapporci a loro".

Non dimentichiamoci mai che nel nostro Paese ci sono stati milioni di "adoratori" di tiranni sanguinari come Stalin, come Mao, come Pol-Pot.

Le forze riformiste sono sempre state schierate nella coalizione di centrodestra, mentre i cultori dell'immobilismo e della conservazione sono sempre stati a sinistra.

Quel passo che hanno fatto da decenni tutte le sinistre del mondo, dai socialdemocratici tedeschi al New Labour inglese fino ai socialisti spagnoli, quel passo gli eredi diretti del comunismo italiano non hanno mai avuto la volontà, il coraggio e la forza di farlo. Voglio dire: il coraggio e la forza di rinnegare il comunismo e di chiedere scusa agli italiani.

In Italia gli unici a sopravvivere ai fallimenti ed al crollo delle ideologie sono stati gli sconfitti della storia. Di conseguenza, non esiste e non è mai esistita, discontinuità di strategie e di personale politico tra la classe dirigente che era stata erede di Palmiro Togliatti e quella di oggi.

Mentre noi andavamo avanti, loro andavano indietro. La destra italiana si è rinnovata, loro hanno fatto soltanto finta di farlo.

Così dopo la "gioiosa macchina da guerra" è venuto il ribaltone, e poi l'Ulivo, e quindi l'Unione, dopo ancora il Partito Democratico, ed oggi si assiste nuovamente ad un ritorno al passato, al tentativo di recuperare tutte le sinistre, al recupero del sindacato più conservatore e di tutti gli antagonismi. Un carosello di trasformismi e di autentici trasformisti.

Ad ogni invenzione botanica, prima la Quercia, poi l'Ulivo poi la Margherita, i consensi della sinistra sono andati via via riducendosi, e ancora di più si è ridotta la loro credibilità nel Paese. Le loro alleanze si sono sempre rivelate conservative e difensive. I loro governi hanno offerto agli italiani uno spettacolo continuativo di risse, di tradimenti, di psicodrammi parlamentari.

Mentre noi eravamo impegnati nel fare, loro monopolizzavano i talk show. E li monopolizzano tutt'ora.

Mentre noi portiamo a termine le legislature, loro sono riusciti ad avvicendare in cinque anni quattro governi e tre presidenti del Consiglio. E stendiamo un velo pietoso sull'ultima esperienza governativa. E' vero che sono stati persi due anni, ma almeno tutti hanno potuto constatare come la sinistra sia incapace di governare.

Poi, improvvisamente e quasi miracolosamente, nel giugno del 2007 Walter Veltroni annunciò di voler cambiare.

Si è trattato dell'ultima finzione o perlomeno dell'ultimo improbabile azzardo.

Dobbiamo ammetterlo: quel suo programma del Lingotto non ci aveva lasciato indifferenti. La promessa di dar vita ad un partito democratico e riformista, che rompesse con gli estremismi ed avesse realmente la famosa "vocazione maggioritaria", per una volta ci era sembrata sincera. L'approdo, anche da sinistra, ad un bipartitismo che consolidasse il bipolarismo, ci era sembrata un'occasione da non lasciar cadere. L'idea di dar vita ad una campagna elettorale civile, senza più la demonizzazione dell'avversario, e, dopo la loro prevedibile sconfitta, ad una opposizione riformatrice e costruttiva, noi l'avevamo presa per buona. E lo dicemmo chiaramente in Parlamento all'atto della costituzione del nostro governo.

Ma è bastato un attimo perché anche quel bluff si disvelasse. Perché il Partito democratico – che democratico ancora non è – trasformasse da tattica in strategica la sua alleanza con l'estremismo giudiziario da una parte, e con l'estremismo ed il conservatorismo sindacale dall'altra. Perché insomma si ritornasse al passato e agli antichi rituali.

Ed oggi a che cosa assistiamo? Il segretario sconfitto se ne va, ed il suo vice – che fino al giorno prima ne aveva condiviso ogni scelta – subito ne rinnega la linea in un disperato quanto inutile tentativo di salvare il salvabile.

Ma gli italiani, cari signori della sinistra, non hanno gli occhi bendati: ci vedono benissimo.

Vedono che mentre noi andiamo avanti, voi proseguite con la testa voltata all'indietro.

Vedono che mentre noi, in un'emergenza che ha fatto tremare le vene ai polsi ad ogni leader del mondo, abbiamo garantito stabilità al Paese e per ciò guadagniamo consensi, voi non trovate di meglio che tornare al passato, che continuare ad insultarci, che litigare tra di voi incuranti dell'interesse generale. Anche per questo continuate a perdere largamente ogni consultazione elettorale.

E' una situazione, è una realtà sotto gli occhi di tutti.

Noi siamo qui, e guardando a dove eravamo quando siamo partiti, siamo consapevoli di essere oggi molto più forti di allora, molto più attrezzati di allora alle sfide della modernità. La nostra classe dirigente cresce a livello nazionale e sul territorio; i nostri giovani si affermano nelle università e nella vita pubblica. Non abbiamo mai risposto all'odio con l'odio, agli insulti di chi cerca di delegittimarci con gli insulti. Oggi la parola "moderati", ma diciamo pure la parola "centrodestra", rappresenta un patrimonio e una ricchezza. Una ricchezza che si è rivalutata ed è destinata a rivalutarsi sempre più nel tempo.

Il logoramento della sinistra invece, e per colpa dei suoi stessi errori, è stato totale. Ha colpito e distrutto il suo modello centralistico e dirigistico di partito, un modello improponibile nell'era della comunicazione in tempo reale. Questa sinistra ha spazzato via dalla scena uno dopo l'altro i suoi leader, sempre più divisi e incapaci di rappresentare il popolo e le sue aspirazioni in una società moderna. Così la sinistra sta uscendo di scena e non ha più un volto. Ed anche la stessa parola "sinistra" non piace più neppure a sinistra.

Queste sono verità incontrovertibili.

Eppure, nonostante tutto, una sinistra riformista ed una opposizione moderna sarebbero indispensabili anche in Italia. Per questo noi siamo qui ad aspettarli. Non possiamo prenderci sulle spalle i loro ritardi e le loro responsabilità, ma attenderemo con la pazienza e la tolleranza che ci contraddistingue. Lo facciamo perché non c'è governo democratico al mondo a cui faccia bene l'assenza di un'opposizione. Lo facciamo, soprattutto, perché abbiamo promesso solennemente di governare anche per quegli italiani che non la pensano come noi; e noi le promesse le manteniamo, tutte e sempre.

Lo facciamo anche perché non rimanga inascoltato, almeno da parte nostra, l'incoraggiamento che il 28 maggio 2008 ci venne da Papa Benedetto XVI, al quale va il nostro affettuoso saluto. Pochi giorni dopo le elezioni, Egli parlò di "segnali di un clima nuovo, più fiducioso e più costruttivo" e di "diffuso desiderio di riprendere il cammino, di affrontare e risolvere insieme almeno i problemi più urgenti e più gravi, di dare avvio a una nuova stagione di crescita economica, ma anche civile e morale".

È quello che stiamo cercando di fare. È quello che è indispensabile fare.

Abbiamo infatti ricevuto dai governi precedenti e dalla sinistra un'Italia afflitta da pesanti eredità.

Abbiamo ereditato un debito pubblico che a causa dei famigerati governi consociativi del compromesso storico, si è moltiplicato per 8 tra il 1980 e il 1992 e oggi è pari al 106 per cento del pil. Questa tremenda situazione ci obbliga ogni anno a spendere decine di miliardi di euro dello Stato (ora sono 80 miliardi) per pagare gli interessi sui titoli del Tesoro invece che fare investimenti.

Altro handicap che ci viene dal passato: abbiamo una pubblica amministrazione pletorica, inefficiente e costosa. La più costosa in Europa: 4.500 euro di costo per ogni cittadino, contro i 3.300 della Germania e degli altri Paesi europei.

Siamo tributari dell'estero per l'energia che ci serve perché l'estremismo ambientalista è riuscito a impedire che l'Italia sviluppasse la tecnologia nucleare, settore nel quale siamo stati addirittura i precursori con Enrico Fermi. Per questo paghiamo l'energia il 35 per cento più dei nostri concorrenti. Tra questi, la Francia che con il nucleare produce l'80 per cento dell'energia che consuma, e copre una quota significativa delle nostre importazioni.

Infrastrutture: anche qui eravamo i primi in Europa dopo i tedeschi, mentre oggi siamo al 19° posto e dobbiamo colmare un ritardo trentennale. Il divario rispetto ai nostri diretti competitori europei come la Germania, la Francia e la Spagna è oggi del 50 per cento. E questo anche grazie ai veti del falso ambientalismo che hanno bloccato il nostro piano di 124 opere strategiche avviato nel 2001 con la Legge Obiettivo, compresi il Corridoio 5 tra l'Atlantico e il Pacifico, il Ponte sullo Stretto e i nuovi trafori alpini.

Abbiamo ereditato un'evasione fiscale record: sul 20 per cento del pil, che è l'ammontare dell'economia sommersa, non si pagano imposte. Per un totale di 100 miliardi di euro l'anno, che dunque mancano al bilancio statale.

Ci siamo trovati una giustizia che è un vero disastro. Sia la giustizia civile, dove i tempi sono incompatibili con le esigenze di una moderna società industriale: cinque anni per una causa di lavoro, otto anni per recuperare una somma da un fallimento. Sia la giustizia penale, dove lo squilibrio di poteri tra l'avvocato dell'accusa e quello della difesa si somma all'inefficienza storica degli uffici, e rende di fatto un miraggio il giusto processo.

A tutte queste eredità negative il nostro governo ha cominciato a porre mano con un programma che stiamo speditamente realizzando.

Non voglio fare l'elenco delle molte cose che abbiamo realizzato in solo dieci mesi. Credo davvero che

nessun governo prima di noi abbia fatto così tanto e così bene in così poco tempo. Sono stati mesi davvero intensi, vissuti sempre con il cuore in gola. Lasciatemi ricordare almeno i risultati più importanti. Da subito ci siamo impegnati ad affrontare e risolvere emergenze come i rifiuti di Napoli e della Campania.

Abbiamo mantenuto all'Italia la nostra compagnia di bandiera. Abbiamo attivato numerosi provvedimenti per ridare sicurezza ai cittadini e per fronteggiare il carovita. Abbiamo predisposto, prima degli altri Paesi europei, una serie di misure per fronteggiare la crisi globale, la cui pericolosità avevamo già individuato più di un anno fa, quando ancora eravamo all'opposizione.

Per questo motivo a giugno 2008 abbiamo messo in sicurezza i conti pubblici con una legge finanziaria per la prima volta impostata su base triennale, per poter affrontare la crisi con gli strumenti di finanza pubblica più adeguati.

Siamo stati i primi al mondo, il 10 ottobre 2008, a proteggere i risparmi degli italiani depositati nelle banche. Siamo quelli che in Europa hanno stanziato più fondi a favore delle famiglie, dei lavoratori, delle imprese e dell'economia reale, per un totale di 55,8 miliardi di euro. Quasi 4 punti di Pil per le grandi opere, per la protezione dei più deboli, per l'edilizia scolastica, per le imprese dei settori più colpiti, per la protezione di chi perde il lavoro, estendendola per la prima volta ai lavoratori delle piccole imprese, agli apprendisti, agli interinali, ai collaboratori a progetto.

In questi primi dieci mesi, non ci siamo limitati ad affrontare tempestivamente le tante emergenze nuove o ereditate, ma abbiamo anche avviato e in buona parte realizzato numerose riforme, utili nell'immediato e importanti per porre solide fondamenta per il futuro: la riforma della pubblica amministrazione, la riforma del processo civile, gli interventi che riguardano la scuola e l'università, lo sblocco delle infrastrutture, le misure che uniscono insieme difesa dell'ambiente e sviluppo economico.

Tutto questo è stato possibile grazie alla concordia nella quale il governo ha saputo operare sempre in perfetta sintonia con i nostri gruppi parlamentari.

Sono fiero di avere al mio fianco persone così appassionate e competenti: sento una collaborazione, un'amicizia e un affetto da parte di tutti i componenti della squadra di governo e della maggioranza che mi danno forza e che costituiscono un motivo di ulteriore rassicurazione per tutti gli italiani.

In campagna elettorale avevo detto che il nostro governo non prometteva miracoli ma impegno e dedizione nell'interesse di tutti. Nei primi dieci mesi di governo abbiamo mantenuto la parola, lo Stato è tornato a fare lo Stato e gli italiani hanno capito che il governo è al loro fianco per sostenerli, per incoraggiarli e fare in modo che ciascuno possa vivere nel modo più libero possibile. Dobbiamo tutti essere orgogliosi dei risultati raggiunti. Voi tutti che siete qui avete anche il compito di essere infaticabili annunciatori delle tante cose buone fatte dal governo. Lo dovete fare, lo dobbiamo fare tutti insieme, non solo per dare testimonianza alla verità dei fatti contro il catastrofismo diffuso dalla sinistra e dalle loro gazzette, ma soprattutto perché abbiamo il dovere di dare speranza a tutti i nostri concittadini e di impedire che il bombardamento quotidiano di cattive notizie fiacchi la loro volontà di agire, di rischiare, di investire, di lottare contro le avversità, nella certezza di un futuro migliore.

Per aiutarvi in questo decisivo impegno, nella cartella che vi sarà distribuita all'uscita troverete anche una pubblicazione "Dieci mesi di lavoro dalla parte degli italiani", che illustra in modo chiaro le principali realizzazioni del nostro governo. Leggetela e diffondetela. Sostenete in questo modo il governo e date nuova forza a tutti gli italiani.

Al grande lavoro in patria va unito anche l'enorme impegno dedicato alla politica estera, che diventa sempre più politica "interna", per le ricadute che essa ha sui destini del nostro Paese.

Grazie a noi, grazie al nostro governo, l'Italia oggi è forte, rispettata e autorevole in Europa e nel mondo.

Coerenti con i nostri valori, abbiamo fatto una scelta di campo chiara e netta, che è la stessa da sempre. Abbiamo scelto di far parte del Partito del Popolo Europeo e di schierarci al fianco delle grandi democrazie occidentali e degli Stati Uniti d'America.

Ve l'ho già raccontato. C'era una volta un padre che portò suo figlio al cimitero americano e tra quelle migliaia di lapidi gli fece giurare che avrebbe serbato eterna gratitudine verso quel popolo che aveva sacrificato tanti suoi giovani per la nostra libertà, la nostra dignità e il nostro benessere.

Quel padre era mio padre. Quel ragazzo ero io.

Sarò sempre grato agli Stati Uniti d'America per averci salvato dal nazismo e dal comunismo. Sarò sempre grato agli Stati Uniti d'America per averci consentito attraverso gli aiuti del Piano Marshall di uscire dall'indigenza e di avviarci ad un vero benessere. Sarò sempre grato agli Stati Uniti d'America per avere difeso l'Europa dalla minaccia sovietica nei lunghi decenni della guerra fredda.

Ovunque il comunismo sia arrivato al potere ha prodotto terrore, oppressione e miseria.

Soltanto la nostra sinistra non ha ancora imparato la lezione dei cento milioni di morti del comunismo.

E ancora pretendono di essere loro a darci lezioni storia, di morale e di galateo costituzionale.

La nostra politica estera è coerente con le idee nelle quali crediamo, con i valori di libertà e di democrazia che sono al cuore del nostro essere e che noi non abbiamo mai dovuto rinnegare. Questi valori sono la bussola che ci ha sempre guidato nel prendere ogni decisione, anche le nostre ultime decisioni per affrontare la crisi economica e finanziaria globale, la crisi energetica, i conflitti esplosi in Georgia e in Medio Oriente.

Questi valori ci guideranno anche in futuro. La nostra bussola, come ho detto nella Dichiarazione programmatica di governo il 13 maggio davanti alle Camere, è la crescita della libertà, della prosperità e dell'affermazione dell'Italia in Europa e nel mondo, nel segno della responsabilità occidentale.

Per noi l'Occidente è uno e uno solo. Questo è vero sul piano politico, sul piano economico e sul piano militare. Ed è soprattutto vero sul piano umano e su quello dei valori. Europa e Stati Uniti sono legati allo stesso destino. L'Europa ha bisogno degli Stati Uniti, gli Stati Uniti hanno bisogno dell'Europa. Non abbiamo esitazioni nel pronunciare queste dichiarazioni. Non abbiamo esitazioni ad essere quelli che siamo. Anzi, ne siamo fieri, soprattutto oggi. È proprio adesso che dobbiamo guardare con fiducia al futuro. Noi siamo nella condizione di riuscire prima e meglio di altri a superare la fase di declino che l'economia mondiale attraversa. Potremo farlo, senza stravolgere i nostri stili di vita, a patto di ritrovare la forza dei valori che ci hanno consentito, dopo un periodo ben più grave di quello attuale, dopo una lunga guerra mondiale, di conseguire livelli allora inimmaginabili di prosperità e di benessere.

Noi siamo abituati a pensare che non esiste una società perfetta e che il compito del buon governante non è quello di inseguire le utopie visionarie che sono frutto dei fondamentalismi ideologici. Noi siamo impegnati a revisionare e a correggere di continuo le possibili degenerazioni di una società imperfetta. In un mondo che cambia di ora in ora, il riformismo liberale è un lavoro che non finisce mai. Il nostro riformismo liberale è la formula vincente anche nei rapporti internazionali.

È stato il riformismo liberale a farci dire per primi – noi liberali attenti alla solidarietà, noi liberali che crediamo nell'economia sociale di mercato – che lo Stato di fronte alla crisi doveva intervenire per proteggere le imprese, le famiglie, i più deboli.

Sono stato il primo tra i leader del mondo a dichiarare, lo scorso 10 ottobre, che non avremmo consentito che neppure una sola banca fallisse o che un solo risparmiatore perdesse i suoi risparmi.

Siamo stati i primi a dire che contro la crisi globale dovevamo mettere a punto risposte globali, e che dovevamo introdurre un sistema condiviso di principi e regole comuni sulla trasparenza, sull'integrità e sulla correttezza delle attività finanziarie ed economiche di tutto il mondo.

Siamo stati i primi a mettere in guardia contro la tentazione del protezionismo, i primi a studiare misure di sostegno all'economia reale capaci di stimolare i consumi e dare slancio alle imprese.

Siamo stati i primi, responsabilmente, a dire che quanto più una crisi è grave, tanto più bisogna contrastarla con la fiducia, con quella che il presidente Obama ha chiamato "l'audacia della speranza". Io lo sottoscrivo con convinzione.

Tornando al nostro ruolo internazionale possiamo dire senza tema di smentita che oggi l'Italia è rispettata nel mondo. Presiede il G8, ed io personalmente lo presiederò per la terza volta. A nessun leader dei più importanti Paesi del mondo gli elettori hanno assicurato un consenso così duraturo da consentirgli di presiedere tre volte un G8. Ringrazio gli italiani che mi hanno così a lungo confermato e rinnovato la loro fiducia.

Io credo di avere ormai una certa esperienza internazionale e rapporti di stima e amicizia con molti leader che ci hanno consentito e ci consentono di fare del nostro Paese un protagonista di primo piano della politica internazionale.

Abbiamo contribuito, grazie all'amicizia con i vertici russi, alla soluzione della crisi georgiana e della crisi energetica. La nostra azione al fianco del presidente Sarkozy ha scongiurato le stragi che si annunciavano in Georgia, e che certamente vi sarebbero state e che avrebbero provocato un divorzio difficilmente sanabile tra la Federazione russa da una lato e l'Unione Europea, la Nato e gli Stati Uniti dall'altro.

Noi abbiamo sostenuto e sosteniamo la necessità di tornare allo "spirito di Pratica di Mare", che grazie a noi permise nel maggio 2002 la nascita del Consiglio Nato-Russia e la stipulazione di importanti accordi con quello storico vertice che segnò la fine della guerra fredda e di un incubo durato più di mezzo secolo: l'incubo atomico dell'annientamento reciproco.

Ancora, abbiamo ultimamente evitato che l'Europa si gravasse di un rilevante peso economico rispetto agli altri giganti dell'economia mondiale, adottando al Consiglio europeo di fine 2008 un "pacchetto energia" che avrebbe duramente penalizzato le nostre economie e le nostre imprese. Al G8 e alla Conferenza sul clima a Copenaghen cercheremo di coordinare un'azione autenticamente ambientalista e quindi rispettosa dell'ambiente, ma senza il fanatismo ideologico dell'ambientalismo, con tutti i grandi Paesi del Pianeta e con le economie emergenti con cui vogliamo rafforzare il dialogo. Lo faremo a luglio alla Maddalena, dove il G8 si aprirà alla Cina, all'India, al Sud Africa, all'Egitto, al Brasile e al Messico. Insieme a questi Paesi riceveremo i Paesi dell'Unione Africana e lavoreremo per lanciare una nuova filosofia degli aiuti internazionali, affinché non siano più erogati a pioggia senza sapere dove e a chi finiscono, ma siano davvero efficaci mediante la realizzazione diretta di infrastrutture e di opere sociali con il coinvolgimento di più strumenti e di più attori, anche privati.

L'ultimo successo che abbiamo ottenuto è stata la chiusura del contenzioso con la Libia, che durava da quasi un secolo e che i precedenti governi di sinistra avevano cercato di risolvere, naturalmente senza riuscirci. Noi ci siamo riusciti, con enormi vantaggi in prospettiva per le nostre aziende, e con i giusti riconoscimenti ai nostri esuli.

Vi ricordate qualche evento, qualche risultato importante degli ultimi governi della sinistra in politica estera? Noi ricordiamo, purtroppo, le bandiere di Stati Uniti e di Israele bruciate e calpestate nelle piazze, addirittura l'ignobile oltraggio ai manichini dei nostri caduti a Nassiriya. Un ricordo che ancora ci indigna.

Noi siamo fieri dei nostri soldati che contribuiscono alla costruzione della democrazia e della pace nei Balcani, in Afghanistan, nelle aree calde del Medio Oriente.

Anche da qui vogliamo che i nostri carabinieri, i nostri bersaglieri, i nostri marinai, i nostri aviatori, tutti i nostri soldati sentano forte la nostra vicinanza, la nostra gratitudi-

ne, il nostro calore. Che sentano il calore del nostro popolo, del Popolo della Libertà!

Noi siamo tra i Paesi fondatori dell'Europa e crediamo in un'Europa che non è quella arroccata in una torre d'avorio, lontana dai cittadini, un'Europa dirigista e centralista: l'Europa dei burocrati. Noi crediamo, invece, nell'Europa che vogliono i cittadini europei e che è fatta di una grande storia, di valori condivisi e di una politica comune. Di democrazia e di libertà. Di rigore e di tolleranza. Di libera iniziativa e di solidarietà. Un'Europa libera, cristiana e occidentale che pratica e che diffonde la libertà nel mondo. Un'Europa che dobbiamo rinnovare in linea col Trattato di Lisbona perché deve essere ancora più autorevole, più democratica e più unita.

Per ricostruire la fiducia dei cittadini europei nell'Europa unita è necessario lavorare ad una riforma dell'Europa che permetta di restituire agli Stati alcune competenze nazionali e, nello stesso tempo, affidi e rafforzi nelle mani dell'Europa le competenze in materia di politica estera e di difesa senza delle quali l'Europa non può esistere, specialmente in un momento di cambiamenti vertiginosi come quello che stiamo attraversando.

Torniamo al nostro movimento. Il Popolo della Libertà è già nato anche in Parlamento, e il lavoro comune nei gruppi della Camera e del Senato è stato un banco di prova assolutamente positivo: la nostra grande compattezza ha reso possibile l'approvazione in tempi record di tanti provvedimenti varati dal governo nella situazione d'emergenza in cui ci siamo trovati ad operare. L'asse tra il Popolo della Libertà e il governo, grazie anche alla leale collaborazione con la Lega Nord è stata, è e sarà la chiave di volta per garantire all'Italia una stagione di stabilità e di vere riforme e per superare l'attuale crisi finanziaria internazionale.

Il nostro governo e la nostra maggioranza sono il luogo dove si esprime il massimo del riformismo possibile, che può realizzarsi grazie a una solidità politica senza precedenti.

Siamo l'unico governo possibile oggi in Italia.

Questa situazione aumenta la responsabilità del nostro movimento che nasce e che inevitabilmente si pone come legato al governo che esso oggi esprime.

Il destino e il futuro del Popolo della Libertà dipendono dalla capacità del governo di rispondere alla sfida che grava sul Paese e di incontrare il consenso dei cittadini, anche di quelli che hanno preferito o preferiscono votare per l'opposizione.

È il sistema Italia nel suo insieme, al di fuori di ogni divisione di parte a cui noi facciamo riferimento. Dobbiamo dire, a tutti coloro che ci sostengono con il loro voto e con la loro simpatia, di schierarsi attorno al governo che oggi è la chiave del futuro del Paese.

I governi oggi hanno in tutti i Paesi responsabilità assai accresciute rispetto a quelle del passato perché ad essi è affidato il compito di far riprendere il rapporto virtuoso tra economia finanziaria ed economia reale.

Le istituzioni sono chiamate a giocare un ruolo impensabile solo fino a pochi mesi fa. Ciò richiede tempi di reazione ben più rapidi dagli abituali tempi lunghi delle istituzioni. Per questo motivo abbiamo posto il problema di dare forma al nesso diretto tra corpo elettorale e governo che non era previsto dal testo della Costituzione del '48. Oggi con maggior ragione sosteniamo che l'autorità del governo e i tempi brevi a cui essa è obbligata devono trovare la risposta nelle istituzioni.

Noi rispettiamo la Costituzione e in essa ci riconosciamo. Sentiamo il patriottismo della Costituzione ma non fine a sé stesso. Sentiamo il patriottismo della nazione e della tradizione, delle radici cristiane e umanistiche dell'Italia, che è il luogo in cui avvenne la sintesi tra cristianesimo, tra ellenismo e romanità. Accogliamo nella nostra memoria le differenti Italie del Medioevo e del Rinascimento così come l'Italia che è entrata nella modernità con il Risorgimento. Vogliamo superare quei toni da "guerra civile infinita" che rimangono ancora in Italia nel linguaggio politico della sinistra. Vogliamo ricordare tutta la passione e la sofferenza del nostro popolo, che visse in modo più drammatico degli altri la seconda guerra mondiale. Celebriamo la Resistenza e la Repubblica nella memoria dell'Italia una ed indivisa la cui storia viene da molto lontano.

Questo è il nostro patriottismo della tradizione e della nazione. Vogliamo così, in questo spirito, aprire la prima pagina di una nuova stagione. Una stagione che ora iniziamo e che sarà decisiva per il peso dell'Italia in Europa e nel mondo.

È con questo convincimento, con questa speranza, con questa ambizione che dichiaro aperti i lavori del nostro primo congresso, del nostro congresso fondativo. Invito sul palco i responsabili e i leader dei partiti e dei movimenti che oggi consegnano a noi le loro bandiere e i loro simboli affinché si fondano in quello del Popolo della Libertà:

- Denis Verdini, coordinatore di Forza Italia.

- *Ignazio La Russa, reggente di Alleanza Nazionale.*

- *la Nuova Dc per le autonomie di Gianfranco Rotondi,*

- *il Nuovo Psi di Stefano Caldoro,*

- *il Partito Repubblicano di Francesco Nucara,*

- *l'Azione Sociale di Alessandra Mussolini,*

- *i Popolari Liberali di Carlo Giovanardi,*

- *i Liberaldemocratici di Lamberto Dini,*

- *il Movimento Politico Italiani nel mondo di Sergio De Gregorio,*

- *il Movimento Politico per la Liguria di Sandro Biasotti,*

- *la Destra Libertaria di Luciano Bonocore,*

- *la Federazione dei Cristiano Popolari di Mario Baccini,*

- *Michela Vittoria Brambilla, presidente dell'Associazione Circolo della Libertà,*

- *Marcello Dell'Utri, presidente dell'Associazione Circolo del Buongoverno.*

Grazie, grazie a tutti voi che siete qui, grazie a quanti ci seguono via radio, televisione e internet. A tutti un forte abbraccio e l'augurio di poter realizzare i sogni e i desideri che portate nella mente e nel cuore. Vi voglio bene, tenetemi nel vostro cuore. Viva il partito degli italiani. Viva il Popolo della Libertà. Viva l'Italia.

Silvio Berlusconi

3.2. Risultato dell'analisi retorica

Fra i tre discorsi di Berlusconi appena considerati, che vanno dal 1994 al 2009, possiamo confermare la considerazione di Fedel[65] che vede nella retorica di Berlusconi un profilo uniforme, che non muti nel tempo e che consente di individuare facilmente i tratti caratterizzanti. Quest'uniformità, la ritroviamo sia nella semantica sia nella costruzione del discorso — motivi centrali, modello della dispositio, idee e dunque argomenti costanti —. Il 27 marzo 2009, Berlusconi rilegge peraltro un passaggio del suo discorso del 26 gennaio 1994, come a voler confermare che l'oratore non è cambiato e che la validità di quanto detto quindici anni prima è più che mai confermata e sempre attuale, quasi si trattasse della sua «follia visionaria».

È tanto più significativo che il discorso congressuale ha una fraseologia identica ai due precedenti discorsi analizzati e un uso del linguaggio di tipo «gentese», come abbiamo rilevato in conclusione del primo discorso analizzato. Dunque, è ibrido a tutti gli effetti con il discorso alla Nazione.

Il *pathos* è dominante nel discorso il cui fine è stimolare reazioni immediate che esortano all'agire. La leva emotiva si appoggia sul patriottismo nazionale che muta in un patriottismo di partito la cui «religione» è la libertà. Come i precedenti discorsi, la retorica è assertiva e non argomentativa — sono particolarmente significative le definizioni valutative —.

Troviamo la presenza delle congiunzioni *perché* (8), *affinché* (1) e *per questo* (1) che introducono una proposizione causale o una proposizione finale che sono nel discorso delle definizioni valutative. In un discorso argomentato, le congiunzioni sono dei marcatori visibili dell'argomentazione, mentre non svolgono tale ruolo nel discorso che abbiamo analizzato per i motivi sopra accennati. La lunga squalifica dell'avversario «che demonizza l'avversario» contribuisce inoltre a sbilanciare gli argomenti in modo polemico, togliendo così credibilità alla ponderazione e all'oggettività degli argomenti esposti. La demonizzazione è un argomento *ad hominem*, e costituisce demonizzazione anche l'accusare gli avversari di demonizzazione[66]. L'argomento *ad hominem* è una manovra diversiva notoriamente usata in retorica che consiste nello spostare l'attenzione dall'argomenti esposti alla persona o al gruppo di persone che li sostiene.

Berlusconi parla «alla mente e al cuore» degli italiani con un discorso carico di patriottismo nazionale e partitico allo stesso tempo per esortare gli italiani a compiere un'azione consapevole e di «buon senso» che esplicita nel passaggio che inizia in quarto paragrafo con «Oggi i sondaggi ci danno al 43 percento.» e quello in ventesimo paragrafo «Solo tenendo fede a questo solenne impegno, a questo giuramento...», epilogo dei paragrafi precendenti. L'intento politico è fare del PdL la più larga e consolidata maggioranza — perciò deve raggiungere il 51% — che è il miglior sostegno che possa ricevere il governo per attuare il suo programma. E torneremo su questo ultimo aspetto nella contestualizzazione del discorso che segue.

In conclusione di questa lettura retorica, possiamo affermare che, insieme ai due precedenti discorsi di Berlusconi che abbiamo trattato, il messaggio è manipolatorio nella misura in cui distorce la visione del mondo — umano-sociale, reale o virtuale —, la quale è inoltre imposta come unica, giusta e valida scelta nella mente del destinatario a cui non è data la possibilità di assumere un atteggiamento sano in rapporto alla decisione — ovvero un atteggiamento che risponda al suo autentico interesse — perseguendo così gli scopi del manipolatore illudendosi di perseguire i propri.

3.3. Contesto del discorso

Il discorso del 27 marzo 2009 è per Berlusconi sia l'occasione di declamare un messaggio politico per il congresso fondativo del Partito della Libertà, sia di parlare alla Nazione in veste di capo del governo — come abbiamo già spiegato —. Nell'occhio dei media, questo discorso appare, nel sua dimensione extralinguistica, come un evento che ha tutte le caratteristiche di un grande *show*:

- «*Un palco da rockstar e megaschermi apoteosi tecnologica per il Cavaliere. E il congresso si trasforma in un rituale di glorificazione*» titola «La Repubblica» nella sua edizione 27 marzo 2009 a pagina 9;

- «*L'isola del famoso. Show mediatico. Evento incentrato sulla esaltazione del capo. I Tg pubblici e privati si adeguano*», titola «L'Unità» in prima pagina nella sua edizione del 28 marzo 2009;

- «*Berlusconi rilancia: rivoluzione liberale. Maxi palco e 6000 delegati per il Pdl. Attacchi all'opposizione, elogio di Craxi. Il Pd: le solite parole.*», «Corriere della Sera», prima pagina dell'edizione del 28 marzo 2009.

- «*Show a orologeria e gran finale per il tg*», Giovanni Cerrutti, «La Stampa», 28 marzo 2009, pagina 5.

- «*Il più grande studio tv del mondo per il più grande partito d'Italia. L'intero congresso progettato per la diretta televisiva. E la politica si fa spettacolo. I primi piani ai dirigenti vengono centellinati per riflettere l'anima del partito.*», Luca Telese, «Il Giornale», 28 marzo 2009, pagina 2.

3.3.1. Un discorso congressuale alla Nazione

Il discorso dura 1 ora e 38 minuti, la trasmissione video inizia alle ore 17.54, Berlusconi prende la parola alle ore 18.35 senza interruzione fino alle ore 20.03. Il congresso si tiene nel padiglione 8 della Nuova Fiera a Roma. La diffusione televisiva avviene sulla Tv Rete4 e su internet — in collaborazione con H24 live —. Dal podio in mezzo ad un palco di 600 metri quadrati, Berlusconi legge il discorso dal suo leggio trasparente e a volte si impiccia nelle pagine. Dietro al palco, 580 metri quadrati di maxi schermi — uno centrale di quasi 100 metri quadri e due altri laterali — inquadrano il leader. Una scenografia che ricorderebbe il vertice Nato di Pratica di Mare nel maggio 2002 al quale allude Berlusconi nel suo discorso.

Sei mila delegati partecipano al congresso che si apre con l'inno di Mameli e l'inno alla gioia, insieme a mille giornalisti accreditati per 217 testate italiane e straniere — come ad esempio, il corrispondente di Al Jazeera e la televisione franco tedesca Arte —.

Domenica 29 marzo 2009, riappare in televisione e su internet per pronunciare dal palco del congresso il discorso conclusivo.

3.3.2. Quale è il piano nel retroscena del programma politico del PdL che si fonda sulla corrente di un liberalismo tutto berlusconiano?

Un piano politico istituzionale massonico della loggia P2[67] sarebbe nel retroscena del programma del governo Berlusconi. La giornalista Concita De Gregorio, intervista il 28 settembre 2003 per «La Repubblica» il capo massone Licio Gelli[68] che dichiara: «Ho una vecchiaia serena. Tutte le mattine parlo con le voci della mia coscienza, ed è un dialogo che mi quieta. Guardo il Paese, leggo i giornali e penso: ecco qua che tutto si realizza poco a poco, pezzo a pezzo. Forse sì, dovrei avere i diritti d'autore. La giustizia, la tv, l'ordine pubblico. Ho scritto tutto trent'anni fa»[69].

I blueprints che Gelli ha scritto e ai quali allude nell'intervista sono il «Piano di rinascita democratica» e lo «Schema R» della P2. Detto in estrema sintesi il «Piano di rinascita democratica», nato negli anni 1976-1977, prevede il controllo dei giornali, dei sindacati, dei magistrati, sottoposti al potere del governo; lo smantellamento della scuola pubblica; il declino della Rai a favore delle televisioni private; l'asservimento del Parlamento al volere del governo. Mentre lo «Schema R», nato nel 1975 e pubblicato da Licio Gelli nel suo libro «*La verità*» nel 1989, prevede la revisione totale della Costituzione «per trasformare l'Italia da Repubblica parlamentare in Repubblica presidenziale»[70], con la riduzione dei poteri della Corte costituzionale, la riduzione dei Parlamentari, il divieto di manifestare, la limitazione dei poteri sindacali, il ripristino del fermo di polizia e di «usare gli strumenti finanziari per l'immediata nascita di due movimenti l'uno sulla sinistra e l'altro sulla destra»[71].

A conclusione dei provvedimenti suggeriti nello «Schema R» si leggono gli intenti politici che fanno da cornice al programma ideato:

> Questi provvedimenti, e altri che ne sarebbero logica conseguenza, potrebbero restituire fiducia al Popolo italiano e darebbero nuovo impulso alle attività produttive del Paese: contribuirebbero, così, a salvaguardare e consolidare le strutture democratiche italiane

e a permettere il reinserimento della nostra
Nazione tra le grandi Democrazie mondiali le
quali si mostrano, oggi, titubanti e perplesse
nel concederci il loro appoggio a causa della
nostra instabile e precaria situazione interna.

Si ha certezza che con questo piano gli
Stati Uniti d'America, oltre che direttamente,
interverrebbero in nostro favore presso altri
Stati affinché ci siano concessi i finanziamenti
necessari per risollevare la nostra economia
e per favorire un nuovo e più concreto
sviluppo delle nostre energie produttive.[72]

Stabilità politica e alleanza atlantista sono gli stessi
argomenti che motivano le azioni del governo Berlusconi
presentate nel suo discorso del 27 marzo 2009. In un'intervista del quotidiano «L'Unità» del 23 settembre 2009,
Sandra Bonsanti, che in quanto giornalista ha seguito
le vicende della Loggia P2 e del Venerabile Gelli e che
fu eletta alla Camera dei Deputati nel 1994, risponde al
giornalista che le chiede quali sono i legami fra Gelli e
Berlusconi:

Tra Silvio Berlusconi e Licio Gelli ci sono
idee comuni, che si ritrovano nei documenti:
l'anticomunismo viscerale, la spiccata ed
esplicita propensione per un presidenzialismo
forte. C'è un documento meno famoso del
«Piano di Rinascita», lo «Schema R» in cui Gelli
spiega che «governare non vuol dire perdere
tempo ma risparmiarlo». Diciamo che si sono
trovati in sintonia.[73]

Forse troviamo in questo contesto la spiegazione che motiva la riesumazione del pericolo «comunista» che, come si sa, ha più a che fare con l'agitazione di una paura irrazionale immaginaria che non con un «pericolo» reale. La strategia è in realtà puramente politica, perché dopo la lettura retorica del discorso di apertura del congresso fondativo del PdL — insieme a due precedenti discorsi che abbiamo analizzato — capiamo che l'anticomunismo di Berlusconi prende il suo significato se viene letto come una forma di liberalismo. L'anticomunismo è lo slogan di una pubblicità politica per catturare il voto di tutti gli elettori che avevano votato appunto con il Partito comunista e che erano in cerca di un nuovo punto di riferimento che un partito di massa sarebbe stato capace di incarnare. Eppure nel 2009, lo slogan è sempre vivo nella retorica di Berlusconi. Si tratta di un aggregatore di una classe politica che rappresenta ambizioni e credenze di una parte della società civile italiana. La libertà evocata da Berlusconi nel discorso del 27 marzo 2009 sembrerebbe trovare il suo contenuto da una parte nel liberismo, ovvero nel liberalismo economico, e cioè nel difendere la libertà economica, a tutelare gli assetti economici che si sono stabiliti indipendentemente dal modo in cui si sono stabiliti nonché dalla valutazione degli impedimenti che possono costituire per lo sviluppo di nuove imprese economiche. La cultura piduista, come la cultura berlusconiana, prendono le loro radici nel liberalismo, che a sua volta deve fare i conti con il suo rapporto con un altro potere forte d'Italia: la religione cattolica, la cui sede esecutiva ricorda il ruolo politico nel Paese per la sua presenza sul territorio. Senza entrare nei dettagli, ci limitiamo a segnalare che il significato della «nostra religione laica», espressione non casuale di Berlusconi, va ricercato nella storia del liberalismo italiano e dei suoi rapporti con il Vaticano[74].

La religione laica è la libertà, come dichiara Berlusconi, la stessa «[...] che stava al centro del pensiero liberale, [che] non era una faccenda di possibilità offerte agli individui, ma l'oggetto di una vera e propria religione» spiega Viano. Nel liberalismo berlusconiano, teorizzato tra l'altro da Giuliano Ferrara, l'idea del potere domina e conta più dei diritti in una democrazia che si fonda sul consenso della maggioranza e sul potere che essa conferisce; abbiamo a che fare con una concezione di democrazia che non si fonda sul rispetto dei diritti individuali e sull'uguaglianza di tutti i cittadini, a cominciare dai titolari del potere, di fronte alla legge. Nella democrazia di Berlusconi, grande deve essere il senso critico circa il significato delle parole usate a cominciare dal concetto di «libertà», tanto pronunciato nel discorso che abbiamo analizzato. La libertà è il diritto di non essere sottoposto alla legge — diritto davanti al quale non tutti i cittadini sono uguali[75] —. Il culto del capo serve a questo fine. Il consenso popolare che rende vivo il culto del capo assolve il capo stesso dalle accuse giudiziarie.

Ricordiamo che questo era il motivo per cui Berlusconi decise la sua discesa in campo nel '94. Riportiamo a questo proposito il commento di Franco CARDINI, nell'articolo *La dittatura democratica del consenso*, «Confronti», numero 4, aprile 2009, 10: «[...] il nostro è un paese eccezionale perché, a parte la Paperopoli di Walt Disney, che però è immaginaria, per quanto si sia da tempo cessato di ritenerla inverosimile, in nessun'altra contrada del mondo, nemmeno nell'Africa centrale e in America Latina, esiste un Presidente del Consiglio che sia proprietario anche di un grande network televisivo, di alcune case editrici e testate giornalistiche e addirittura padre-padrone di una squadra di calcio. Forse in qualche emirato (arabo) del Golfo persico esistono situazioni *mutatis mutandis* simili: ma nemmeno là il Presidente-proprietario è al tempo stesso plurinquisito, multincriminato, polisospettato e maxichiacchierato e continua a governare, a sfornar battute di spirito e a far la prima-donna in Tv informandoci perfino delle sue performances sessuali come se nulla fosse, ben certo che l'opinione pubblica del suo — e purtroppo anche nostro — paese è ormai narcotizzata a un punto tale da non riuscir neppure a ricordarsi che in fondo, fino a tempi poi non troppo lontani, un politico sospettato di qualcosa — anche se e quando la sua innocenza era più che palese — usava tirarsi in disparte e dimettersi o autosospendersi, a seconda dei casi, finché, come si usava dire, «piena luce non fosse stata fatta». Macché: Berlusconi farà perfino il capolista onnipresente alle prossime elezioni europee, alla faccia delle normative che vietano a chiare lettere a un Presidente del Consiglio in carica di essere contemporaneamente parlamentare europeo».

Perciò ancora una volta, per la leadership del capo coinvolto, non più nella relazione con la massa di elettori, ma nella lotta politica interpartitica, è vincente la strategia del «nemico» per gestire le relazioni con gli altri competitori per l'ottenimento del potere; se non se ne può fare a meno — in quel caso si perderebbe ogni parvenza di regime democratico — allora tanto vale fare giocare il ruolo del nemico agli avversari per accedere e difendere i propri interessi. Berlusconi promuove e attua effettivamente un liberalismo oppressivo, come lo definisce Viano.

3.3.3. Perché il 27 marzo 1994 e perché viene usato il termine «congresso»?

Per quanto riguarda l'uditorio e la tipologia di discorso alla quale appartiene il discorso del 27 marzo 2009, il deputato on. Giorgio C. Stracquadanio conferma la nostra analisi retorica:

Marie-Caroline Beylier: possiamo considerare che il discorso del 27 marzo 2009 sia un discorso *erga omnes* pure essendo stato pronunciato davanti ad una platea perché è stato comunque trasmesso in Tv e su internet?

On. Stracquadanio: Sì, non c'è dubbio. La stessa scelta della data non è casuale. Sceglie la data della prima vittoria elettorale, il 27 marzo '94. Quindi unire anche questi aspetti simbolici vuole dire che in dieci anni si è svolto il compito, che c'è una stretta continuità. Mentre invece la sinistra antagonista ha cambiato continuamente formule politiche, noi in fondo abbiamo continuato a fare quello che abbiamo fatto allora.

Marie-Caroline Beylier: Lei ha partecipato alla stesura del discorso del 27 marzo 2009?

On. Stracquadanio: Anche lì, c'è stata un'ampia costituzione...sì. Ci sono stati diversi discorsi che sono arrivati, sono stati raccolti, poi messi insieme, poi fatto una bozza e poi lì diciamo il Presidente Berlusconi ha elaborato un'ulteriore bozza facendo alcuni finali, perché ci sono dei momenti in cui...come dire...nessuno non sa più in quale parte ha messo la sua mano. Lui finisce di lavorare da solo, la sua segreteria incarica le produzioni e... anche chi contribuisce a farlo deve ascoltare il discorso [finale] per capire quant'è cambiato; c'è una maggiore creazione di attesa. È ovvio parlo dei grandi discorsi. Il discorso alle categorie produttive, più normali c'è meno lavoro suo.[76]

Come già accennato prima, ogni aspetto della comunicazione linguistica ed extra linguistica di Berlusconi non è casuale e il significato va ricercato con un'analisi critica. Ogni dettaglio è curato, come il momento della giornata per la trasmissione dell'intervento di Berlusconi, la data del convegno, anche essa molto simbolica come ha sottolineato Stracquadanio. Ricorda la prima vittoria elettorale alle elezioni del 27 marzo 1994 di Forza Italia in corsa con Alleanza Nazionale di Gianfranco Fini e della Lega con Umberto Bossi. Quindici anni, è il momento del bilancio e quale miglior momento per rivendicare la propria autorevolezza consolidata nel tempo che in occasione dell'apertura del primo congresso di una coalizione instaurata ufficiosamente sin dai primi tempi. È forse anche simbolicamente un augurio per un nuovo successo degno di quello vissuto per la «discesa in campo» quindici anni prima.

Marie-Caroline Beylier: [...] il discorso del '94 è molto attuale..

On. Stracquadanio: non c'è dubbio

Marie-Caroline Beylier: [il discorso del '94] è stato trasmesso in televisione e durante il discorso del 27 marzo 2009, l'onorevole Berlusconi fa riferimento al discorso della discesa in campo, mentre era davanti ad un pubblico con il quale aveva un contatto diretto, però si è ispirato di nuovo a questo discorso...

On. Stracquadanio: non solo, ma quando il consiglio nazionale di Forza Italia ha decretato la confluenza nel Pdl, noi abbiamo fatto un consiglio nazionale, cioè un organismo e non un congresso...tutti si aspettavano chissà quale discorso avrebbe fatto. Ha fatto esattamente questo: ha riletto quel discorso qualche mese prima, poi al congresso del Pdl lo ha rilanciato. Dunque l'attualità di quel discorso è sempre valida. Il cambiamento del sistema politico istituzionale rimane il tema dominante per quanto riguarda il partito.

Marie-Caroline Beylier: Dunque ha tentato di ripetere il successo riscontrato con il discorso della «discesa in campo»...

On. Stracquadanio: esatto, perché rendeva chiara alla maggioranza degli Italiani cosa essi volevano. La maggioranza degli Italiani percepiva la volontà di cambiamento ma non ne aveva la definizione in una ricetta. Lì è stata scritta la ricetta.[77]

Fondamentalmente, la messa in scena del congresso — o meglio, il consiglio dai cui membri Berlusconi è stato eletto, perché non si tratta di un congresso in occasione del quale il popolo è invitato ad eleggere il presidente del partito — trasforma la partecipazione in celebrazione spettacolare che serve ad unire e a impegnare sentimento ed azione, perché siamo in realtà di fronte ad un fenomeno plebiscitario popolare elettorale e televisivo che consente di quantificare il consenso e di aumentarlo a misura che aumenta la dimensione spettacolare della celebrazione. È a quest'ultimo aspetto politico — la ritualizzazione del consenso[78] — che ci sembra finalizzata la costruzione dell'universo simbolico linguistico ed extra-linguistico del 27 marzo 2009.

3.3.4. Partito o popolo?

«Dovevamo essere un «popolo», prima ancora che un «partito»: il Popolo della Libertà.» dichiara Berlusconi. E ancora: «l'unico partito che definisce l'identità del nostro popolo». Berlusconi prende la parte — il partito — per il tutto — il popolo italiano. La manovra semantica è volutamente manipolatoria sia a riguardo dei cittadini che della prassi democratica del potere politico. Il giornalista Carlo Galli ha decodificato questo fenomeno in modo efficace:

> Dire «popolo» significa infatti appellarsi alla radice più profonda della legittimità della politica, all'istanza inappellabile della democrazia. Ma

il popolo come attore politico unitario si rende visibile solo nei momenti eccezionali delle rivoluzioni, come potere costituente che combatte i suoi nemici, che abbatte vecchi ordinamenti e ne crea dei nuovi: mentre nella normalità della vita democratica il popolo come intero tace, e ha rilievo politico proprio in quanto è articolato nelle sue legittime divisioni, nella sua intera e vitale dinamica: il popolo è rappresentato dai singoli parlamentari, e dal parlamento intero in quanto istituzione [la stessa che Berlusconi vuole delegittimare per diminuire il potere legislativo e asservire al potere del governo], in cui non a caso è presente una pluralità di partiti: ma nessun partito di per sé rappresenta il popolo, né tanto meno vi coincide. C'è uno scarto fra popolo e politica, e questo scarto offre una distanza critica e garantisce spazi di libertà e di pluralità.[79]

A meno che abbiamo a che fare con regimi a partito unico in cui prevale e domina un unico punto di vista, oppure ci troviamo di fronte ad un Presidente del Consiglio, presidente del PdL, che vorrebbe farci credere che il popolo non è più rappresentato dall'istituzione del parlamento ma che è direttamente incarnato dal leader politico. Sarebbe forse questa l'azione diretta del popolo, la sua forza d'azione genuina e non corrotta come è secondo Berlusconi tutto l'apparato istituzionale che intralcia le riforme della costituzione e dello Stato?

La sua aspirazione [del PdL] non è ci essere un partito che coincide con lo Stato, e neppure di educare il popolo. Il suo scostarsi dalla semantica e tendenzialmente dalla sintassi della democrazia parlamentare non prende la via dei partiti ideologici e totalitari, ma quella del populismo. Ossia di quei movimenti politici che si appellano al popolo contro partiti e istituzioni, viste come mediazioni che frenano e limitano l'immediatezza, la spontaneità e la vitalità dell'energia popolare; che evocano la forza semplice e incorrotta della «gente» contro i professionisti della politica, contro gli intellettuali, contro le élites. Il popolo del populismo, insomma, è un attore sempre presente come Intero sulla scena politica a differenza del popolo democratico. Quale sia la sua estrazione sociale (membro ribelle delle vecchie élites o outsider) il capo populista deve possedere una certa dote di carisma, per far sì che una larga fetta di popolo possa immedesimarsi e identificarsi in lui. Così, se il popolo del populismo è in buona parte una creatura del leader, che lo fabbrica a propria immagine e somiglianza, è anche vero che lo stesso Capo deve essere dotato di una innata predisposizione a immedesimarsi nel popolo: fra il leader populista e carismatico e il suo popolo c'è un gioco reciproco di specchi, una immensa tautologia: la parola dell'uno è che l'eco della parola dell'altro.[80]

In questo risiede a nostro avviso l'uso semantico manipolatorio del «partito» che fa il tutto con il «popolo». L'intento politico come abbiamo cercato di spiegare è molto chiaro, ma per realizzarsi ha bisogno del consenso dei cittadini, qualunque sia il costo da pagare per ottenerlo, pure manipolando i cittadini italiani stessi.

4. La retorica di Berlusconi nel contesto televisivo in Italia

> La società creata dalla televisione è una società naturaliter di destra. È la società del festival di Sanremo, dello sport, degli spot, di Pippo Baudo, Mike Buongiorno, Beautiful e simili... Non ha vinto la società che i suoi mass media hanno creato. È la società che gode nel vedere insulse famigliole riunite intorno ad un tavolo che glorificano questo o quel prodotto.[81]
>
> Noberto Bobbio

> Ci aspettavamo la politica, è arrivata la comunicazione.[82]
>
> Paolo Guarini

In Italia analizzare il sistema dei media vuole dire anche analizzare il potere politico e viceversa. Berlusconi, proprietario di reti televisive e di numerose testate, è sia un esperto della dinamica commerciale dei mezzi di comunicazione sia un attore politico che, associando l'uno con l'altro, ha cambiato prima il panorama dei programmi televisivi, la prassi politica — se oggi possiamo chiamarla tale — e la società italiana. Pasteur, per spiegare l'interazione tra il corpo umano e l'installarsi di una malattia, diceva «ci vuole il grano e il terreno». Il «terreno» della società italiana aveva tutte le premesse nel suo corpo sociale per ricevere e permettere l'installarsi del «grano» Berlusconi nel suo terreno. Un uomo da solo non cambia la società, è la società che accetta di farsi influenzare e cambiare da un uomo. Berlusconi ha creato il suo megafono politico con la televisione, mezzo ideale considerando l'altissimo consumo che viene fatto di questo mezzo; gli italiani sono tra i più grandi consumatori di televisione in Europa. Il 98,7% delle case italiane è dotato di televisori e gli italiani passerebbero in media più di tre ore al giorno davanti al loro schermo e, l'80% della popolazione si tiene informato esclusivamente con la televisione, tralasciando la lettura della stampa.[83] Berlusconi parla agli italiani con le loro stesse preoccupazioni; preoccupazioni di una società composta da individualisti che credono «nei sogni e nei miti del successo facile, nell'aroma del «Billionaire», nell'aspirazione a diventare «letterina» o «meteorina» [...]»[84]; questa è la società della televisione italiana alla quale Berlusconi parla. La stessa televisione è diventata lo strumento principale per capire la politica odierna perché insieme alla società dei mass media hanno prodotto una mutazione antropologica della prassi politica. È a nostro avviso il risultato dell'interrelazione indissociabile di questi attori — società-media-attori politici — a dare forma e contenuto alla politica mediatizzata.

Ci preme fare qui qualche considerazione sulla prassi politica altamente mediatizzata che genera un nuovo contenuto politico — o meglio, un nuovo modo di farne a meno — e un suo consumo inversamente proporzionale, ovvero altissimo. I media rendono più immediate le relazioni tra leader, prodotto dell'alta personificazione della prassi politica, e il consumatore-cittadino.

Usiamo il termine **consumatore-cittadino** in riferimento all'analisi di Pierre Musso sulla politica e il potere in Italia e in Francia esposta nel suo libro *Sarkoberlusconismo. Le due facce della rivoluzione conservatrice*, Ponte alle Grazie, Milano, 2008. L'autore constata a questo proposito che «il sarkoberlusconimo fa uso e abuso delle tecniche di marketing e della televisione, in quanto permettono di produrre fiction destinate a sedurre il pubblico, a creare avversari di comodo e a rispondere al desiderio degli elettori di vedere il capo in azione. Porge così uno specchio agli spettatori/elettori per rispondere alle loro richieste, decrittate mediante i sondaggi e gli studi di marketing.» Perciò, «l'elettore è trattato quindi come un consumatore, in un rapporto immediato, emotivo e passionale, con il leader, stabilito grazie alla televisione.».[85]

A questo riguardo, Stracquadanio afferma che l'agorà odierna è proprio la televisione. La capacità di seduzione e la semplificazione dei discorsi favoriscono gli attori politici adatti alla comunicazione mediatica, che in questo modo, conoscono ascese folgoranti, ma possono subire rovesci rapidi che non sono necessariamente dovuti a sbagli nella loro azione politica, ma piuttosto perché sono sovraesposti e non reggono la pressione dell'immediatezza sul lungo termine.

4.1. Considerazioni contenutistiche sulla televisione in Italia a partire degli anni '90

Fra il 1975 e il 1990, la televisione passa in Italia da un sistema monopolista — con due canali — a un sistema pubblico-privato che conta decine di emittenti, caratterizzato da una contrapposizione frontale fra l'ente pubblico mai uscito dall'orbita governativa e l'ente privato in mano a un unico imprenditore — Berlusconi — per partorire un sistema televisivo in mano a un unico soggetto politico-commerciale, secondo le parole di Crapis[86]. All'inizio erano in realtà quattro le emittenti private[87], ma presto lasciano spazio libero alla Fininvest tramite la Mediaset di Berlusconi. Per Crapis sarebbe fondamentalmente questa l'anomalia italiana. Possiamo completare con una considerazione di Bosetti circa gli attori che interagiscono per i loro interessi intorno al potere della televisione:

La pressione a sottoporre i media ad altri poteri, quello politico e quello economico, è forte ovunque e ovunque la professionalità e l'autonomia degli operatori dell'informazione sono sottoposte a tensioni fortissime. Ma il dato specifico italiano è che questa pressione "esistenziale" della politica ha spinto a interpretare il servizio pubblico televisivo come funzione "occupata" dai partiti e questa «occupazione» come un diritto democratico da esercitarsi attraverso la mediazione della formula «parlamentare».[88]

L'esplosione della televisione alla fine degli anni Ottanta è determinata da una opportunità economica nel settore dei media — l'accrescere del mercato impetuoso della pubblicità in cui a misura che aumentano gli investimenti pubblicitari, aumenta la necessità della loro redditività e dunque del numero sempre più elevato di telespettatori —, elemento che Berlusconi ha capito e colto al volo. La sovrapposizione tra mercato e politica genera un'accelerazione nei tempi della comunicazione politica che si ripercuote sulla prassi politica. Lo sviluppo della televisione determina il contenuto veicolato da questo mezzo di comunicazione nella società italiana, e la velocità di sviluppo dell'offerta è, inoltre, condizionata dalla regolamentazione di diffusione — o della mancanza di osservanza — come ricorda la giornalista Fusani:

A fine '84 la Fininvest ha tre reti come la Rai ma, a differenza della tivù pubblica, si muove in totale assenza di regole. Dal Parlamento, infatti, nessuna novità. Nel frattempo sono successe altre due cose: il sistema delle cassette (1982) e Craxi Presidente del Consiglio (giugno 1983). Il «sistema delle cassette» è banale quanto illegale ed è la vera svolta per il Cavaliere. Lo inventa un avvocato, Aldo Bonomo, che gioca su un concetto ambiguo quanto geniale: interconnessione strutturale (quella della Rai) e interconnessione funzionale delle reti Fininvest, che per legge dovrebbero trasmettere solo in ambito locale. Tradotto: anche se le antenne del Biscione, a forza di acquisti, coprono tutto il territorio nazionale, non possono avere la programmazione in simultanea. Un limite enorme per gli inserzionisti, risolto appunto col «pizzone» o «sistema delle cassette»: ogni giorno partono da Segrate venti cassette registrate che i venti capizona mettono in onda in simultanea. Il limite voluto dalla Consulta - privati via etere ma solo in ambito locale - è palesemente aggirato. Se nel 1980 il fatturato Fininvest ruota per il 60 % intorno al settore edilizio, quattro anni dopo la situazione è ribaltata: l'85 per cento del fatturato arriva dalle tivù. Un fatturato, si può dire, fuori legge. Bisogna aspettare il 16 ottobre 1984 perché qualcuno faccia qualcosa. Ci pensano i pretori (comincia qui la tiritera dei «giudici comunisti») a dare uno stop. I decreti penali di Giuseppe Casalbore, pretore di Torino, Eugenio Bettiol (Roma) e Nicola Trifuoggi (Pescara) disattivano le interconnessioni oltre l'ambito locale. Berlusconi potrebbe continuare in ambito locale ma alza il tiro, denuncia l'"oscuramento" deciso dai pretori. Fa la vittima, organizza la serrata e scommette sul populismo. Fa leva sugli orfani dei Puffi e delle telenovele, dei quiz e dei film. La politica, ancora una volta, balbetta, non capisce o, se capisce, non sa che fare. Craxi ha gioco facile sabato 20 ottobre quando, anticipando di tre giorni il Consiglio dei ministri, riaccende le tivù di Berlusconi con «un decreto - spiega - che ripristini il buon senso». La P2 è sciolta ma con Berlusconi e Craxi l'obiettivo di Gelli di «dissolvere la Rai in nome della libertà d'antenna», sopravvive. Da quei primi anni ottanta si va avanti con situazioni illegali, monopoli selvaggi, ritardi. La guerra delle tivù è un capitolo della storia italiana mai chiuso, neppure dai governi di centrosinistra. Diremo qui solo, e velocemente, che il decreto Craxi non viene convertito in legge il 28 ottobre 1984. Che il giorno dopo i pretori fanno nuovamente staccare le interconnessioni. Che Craxi mangia la foglia e capisce che per far vincere Berlusconi deve dare qualcosa anche alla Rai e ai partiti di riferimento, Pci compreso. Il 6 dicembre 1984 prende corpo il decreto Berlusconi-Agnes che diventa legge a colpi di forzature, proroghe, e votazioni di fiducia.

Il tutto protetto e benedetto da Craxi, e non solo. Mai, osservano le opposizioni, c'è stata nella storia della Repubblica, «una saldatura così forte tra un gruppo politico e un singolo imprenditore». Cinque anni dopo, il 6 agosto 1990, la legge che porta il nome del ministro delle Poste e delle Telecomunicazioni Oscar Mammì (repubblicano), che amava ripetere «la politica è morta, viva la pubblicità», si limita a fotografare l'esistente, il duopolio Rai-Fininvest senza un vero tetto pubblicitario e spot senza limiti. Una legge incostituzionale, fotocopia del decreto Agnes che la Consulta boccerà nuovamente il 5 dicembre 1994. Si dice che quando le cose cominciano male, poi vanno avanti ancora peggio. La nascita delle tivù private in Italia era cominciata malissimo.[89]

In sintesi le conseguenze a livello contenutistico che ha generato questo duopolio sul prodotto televisivo, sostenuto dalla forte penetrazione dei mass media nella società, sono due:

▶ L'informazione tende a spettacolarizzarsi e l'intrattenimento diventa protagonista della televisione.

▶ L'arrivo della televisione privata porta all'allargamento dell'offerta dei programmi sino ad allora scarsa, da cui l'offerta genera nuovi modelli di consumo su cui la comunicazione mediatizzata di Berlusconi si modella a sua volta per rivolgersi ai cittadini-consumatori; uno dei prodotti caratterizzanti della nuova offerta è lo spot, prontamente adottato anche dall'emittente pubblica Rai che diffonde un nuovo linguaggio, immediato, semplice e attraente per il pubblico.[90]

Da questi fattori nasce, secondo l'analisi di Novelli, una tipologia di televisione, pubblica e privata senza distinzione, il cui stile pervade ogni aspetto sociale, politica compresa:

> Il risultato è una neo-tv, tarata sugli ascolti, votata allo spettacolo, voyeuristicamente attratta dagli aspetti privati e personali, alla ricerca del sensazionale, senza più barriere fra generi, quasi sempre sovrabbondante e spesso sovratono che, come flusso continuo e indistinto si riversa sugli spettatori. La vecchia cara tv pedagogica della Rai, che per disincentivare l'ascolto passivo inseriva dei neri fra un programma e l'altro, si è trasformata in una televisione di intrattenimento o, meglio, di trattenimento dei telespettatori davanti allo schermo.[91]

In questo scenario che non ha conosciuto rallentamenti, anzi, la politica si fa ugualmente fonte di intrattenimento sotto forma di talk show e programmi di varietà, impossessandosi del linguaggio degli spot.

> Un processo che nel suo avanzare solleva periodicamente dubbi e discussioni ma inarrestabile, e che trasforma la comunicazione dei partiti. Une politica sempre più mediata dallo strumento televisivo deve infatti attrarre e intrattenere i propri interlocutori, risultato che ottiene riducendo i contenuti politici,

contraendo i tempi degli interventi, curando gli aspetti estetici, adeguandosi alle esigenze dei destinatari. Esaltando cioè il lato seduttivo della comunicazione a discapito di quello razionale e della componente ideologica che sempre meno interessa un elettorato d'opinione che si sta progressivamente laicizzando e affrancando da storiche appartenenze.

Momento importante del passaggio da una comunicazione logico-persuasiva, incentrata sui contenuti, a una emotivo-seduttiva, basata sulle sensazioni, è l'adozione da parte della politica dello spot televisivo. Un cambiamento significativo che sancisce che anche per i partiti, come già per le aziende produttrici di beni di consumo, il messaggio non deve più comunicare qualcosa di concreto, contenuti, ma emozionare, infondere uno stato d'animo, un senso d'appartenenza.[92]

È in questo scenario televisivo che Berlusconi ha contato sulla sua capacità di usare la televisione e il suo linguaggio per esordire in politica. E poi, per modellare i programmi televisivi, allo scopo di servire la sua politica e facilitarne l'accesso al potere e la sua conservazione. Non a caso, come osserva Lazar, «il 1994 segna la consacrazione delle tecniche mediatiche e del marketing in politica»[93] e sboccia sulla «telecrazia» o il cosiddetto «populismo televisivo».

Perché per esporsi in televisione bisogna sedurre e, per sedurre, il linguaggio di Berlusconi si calca sul modello pubblicitario; è immediato, deve continuamente stupire il destinatario, deve brillare e essere ritmato come una musica di spot pubblicitario perché deve farsi sentire piuttosto che farsi capire. Conta il *pathos*, non il *logos*. E così, sfugge al cittadino il tempo per riflettere su quanto detto per analizzare ed interpretare il messaggio. Gli viene bandito ogni possibile approfondimento ragionato. Ci si concentra su banalità superficiali, perché tutto il resto è scomparso o perché si nasconde dietro alla messa in scena dello spettacolo al quale si riduce la prassi politica.[94] «L'immagine consente di spostare il piano dell'identità e della comunicazione dal livello logico, razionale a quello visivo emotivo. Dove la parola divide, l'immagine, sovente accomuna.»[95]

La prima campagna elettorale italiana che si svolge nell'agorà dello teleschermo risale al 1983. A partire degli anni Novanta, la ricerca del consenso si sposta da un'adesione ideologica nell'apparato del partito verso un rapporto personale instaurato con il consumatore-cittadino e incentrato intorno ad un leader che entra sempre più spesso nelle case dei cittadini grazie alle sue apparizioni televisive. Di conseguenza, l'attore politico ha l'obbligo di essere in sintonia con il sistema televisivo e con le regole di produzione dei suoi prodotti spettacoli — inclusi quelli informativi —, per svolgere un ruolo da protagonista, o detto con le parole di Novelli, da «star dell'entertainment». E questo è quanto è riuscito a fare Berlusconi: parlare il linguaggio della televisione. Inoltre misura l'ascolto degli spettatori perché è sinonimo di consenso che a sua volta svolge la funzione di plebiscito, come abbiamo già menzionato prima. Quale è il meccanismo che consente questo spostamento di significato? Per Novelli ciò è dovuto «alla capacità della televisione di intervenire sulla natura degli eventi di cui si impossessa [...] e il passaggio da un evento politico a un evento mediale comporta inevitabilmente la riscrittura della sua grammatica e del suo significato»[96]. Una riscrittura spesso forzata e abusiva che impone un nuovo significato alla massa indistinta[97] di consumatori-cittadini.

Televisione e politica si confondono spesso perché gli attori politici sono consapevoli che il messaggio oggi deve prima essere veicolabile dai media per raggiungere i suoi destinatari. Tale messaggio deve uniformarsi alle regole degli organi di informazione, perciò gli eventi politici e la comunicazione politica devono essere pensati in funzione della loro capacità di attrazione nei confronti dei media prima ancora che nei confronti degli elettori per diventare «mediatizzabile». Comizi, conferenze stampa, manifestazioni, congressi — modalità essenzialmente usate in Italia dagli attori politici — vengono organizzati in base all'orario dei telegiornali[98], al loro ritorno informativo, alla capacità di imporsi nell'agenda e magari a determinarla — e anzi la determinano in modo assoluto —. La logica politica si è sempre più adattata alla logica dei media per finire con l'attuarsi soltanto in funzione della seconda; l'evento politico è preparato in termini di notiziabilità per trasformarsi in evento mediatico, anticipando la selettività sull'evento che verrà operato dai media, o come la televisione e la stampa lo filtreranno per raccontarlo. La televisione che fa talk show con attori politici fa a sua volta notizia; la stampa non dice cos'è accaduto in Italia, ma cos'è stato detto in televisione.

4.2. Considerazioni conclusive sull'oratoria di Berlusconi in televisione

Tenendo conto di queste considerazioni sulla dinamica e il funzionamento della televisione in Italia e delle nostre letture retoriche di Berlusconi, cercheremo a questo punto di mettere in luce le osservazioni più caratterizzanti della retorica di Berlusconi che emergono quale risultante di quanto osservato prima. Intendiamo partire da una premessa dalla quale scorrono tutte le altre considerazioni: la televisione è una potente *fabbrica dei desideri*, secondo il termine coniato dallo psicologo Alessandro Amadori.

> [...] la televisione non è un business come tutti gli altri, un mercato qualsiasi. Oggi essa è una vera e propria *fabbrica dei desideri*. È il luogo in cui, e attraverso cui, si forma e si esprime il desiderio, individuale e collettivo, di apparire, emergere, essere amati. Chi governa la televisione, in definitiva, governa alcuni dei bisogni più profondi e dei sentimenti più intensi dei nostri tempi.[99]

Silvio Berlusconi, influente uomo politico, controllore dei media, è anche detentore della fabbrica dei desideri. Detto così rende bene l'idea dell'ampiezza della forza delle sue azioni. E lo fa seducendo il popolo. Perché sa che per comunicare attraverso il piccolo schermo bisogna sedurre, dicevamo prima, e sedurre per far sognare. Questa è il punto nodale della pubblicità. Per far sognare, si usa il meccanismo dell'abbellimento della realtà che ritroviamo nella retorica di Berlusconi. Si pensi ai tre discorsi che abbiamo studiato; il messaggio politico è un racconto caratterizzato da un inizio normale, un passaggio con difficoltà insormontabili per la maggior parte della gente e un fine eccezionale. «E il catalizzatore che trasforma appunto la normalità in eccezionalità è la magia, l'aleggiare fantasmatico dei poteri di un metaforico Mago Merlino»[100]. Amadori lo chiama anche «il rivestimento magico degli eventi». Con le parole, l'oratore cambia il senso degli eventi verso un'altra direzione semantica, a lui favorevole. Oratore e messaggio sono entrambi a confine tra la realtà e l'immaginazione. Il consumatore-cittadino non distingue l'uno dall'altro perché questo gli viene inoculato in modo subdolo grazie a tecniche narrative che abbiamo rilevato nelle letture retoriche dei discorsi e ai emozioni — preponderanza del *pathos* — illudono di trovarsi di fronte alla realtà. Per garantire la buon riuscita di questo stratagemma bisogna rispettare il principio dell'*inverificabilità degli eventi*: «[...] un fatto (potenzialmente) reale viene trasfigurato in una (effettiva) apparenza tale al tempo stesso da essere realistica (verosimile) e però da non poter essere verificata oggettivamente»[101] e a questo contribuisce l'*endoxon*, argomento fondato sul senso comune condiviso dalla società — che non verrà rimesso in discussione —.

Endoxon:

dal greco *opinione*. Artificio retorico basato su loghi comuni ed opinioni comunemente accettati.

Questo «gioco degli specchi» «[...] è proprio uno dei meccanismi costitutivi del processo di edulcorazione che è alla base del «modello affabulatorio» berlusconiano»[102] perché trasforma ciò che è in ciò che ci piacerebbe che fosse. La trasformazione del verosimile in vero e la parte per il tutto è secondo

Cronkhite[103] una delle più efficaci arti della comunicazione pubblicitaria e politica.

A giusto titolo, Mancini intuisce che «non si tratta [...] solo di espedienti o fenomeni comunicativi; c'è dietro qualcosa di ben più pesante e traumatico»[104]. Questi avanza l'ipotesi che si tratti della fine della politica ottocentesca e novecentesca, ovvero della politica nel senso buono del termine. «Stanno cambiando, sono cambiati, i contenuti e le strutture della «politica buona» e di fronte a questo venir meno non si può più soltanto parlare di populismo.»[105]

Concordiamo con Mancini quando afferma che «quando è di fronte allo schermo, il cittadino non valuta più la politica sulla base delle tradizionali e consolidate categorie bensì sulla base di categorie, per così dire, estetiche ed emozionali (e abbiamo visto quanto vi contribuisca il discorso) che hanno innanzitutto a che fare con la valutazione della performance televisiva in termini di congruenza ed appropriatezza con le modalità più tradizionali del discorso della televisione»[106]. Sì, forse si è sottovalutato o banalizzato il ruolo della televisione, come pensa Mancini, nel contribuire a cambiare la prassi politica nella società dei media. «La televisione sta cambiando la vita di ogni giorno, il modo di rapportarsi con la realtà esterna e quindi anche con le istituzioni rappresentative, con quelle che finora erano state le organizzazioni rappresentative degli interessi. La percezione del mondo e della realtà esterna all'individuo oggi passa quasi esclusivamente (aggiungo il quasi per non apparire estremista) per la televisione»[107].

C'è effettivamente dietro qualcosa di pesante e di traumatico; Mancini intuisce questo qualcosa senza però arrivare alla conclusione di cosa fondamentalmente possa trattarsi. Alla luce della nostra analisi critica dei discorsi, noi arriviamo a questa ipotesi: e se la mediatizzazione della politica non fosse che uno schermo di fumo — perché i media aiutano a conservare una finta facciata di prassi democratica[108] — per attuare piani politici antidemocratici[109] distraendo il popolo, senza dover rendergli conto di nulla? La televisione con gli altri mezzi di comunicazione di massa contribuiscono alla messa in scena della prassi politica e fungono da «invisibili gabbie mentali che impediscono la visione del reale»[110] perché «la classe dirigente «dirige» anche la formazione della pubblica opinione, organizza il sapere sociale, seleziona la memoria collettiva, sceglie ciò che deve essere ricordato, ciò che deve essere dimenticato, costruisce la tavola dei valori, imponendo dall'alto esempi in negativo e positivo»[111].

Il magistrato antimafia Roberto Scarpinato descrive il potere politico in Italia partendo dal presupposto che la prassi politica avviene nel retroscena mentre viene «inscenata» un'immagine per l'opinione pubblica, per cittadini, per tutti quelli che appunto non vedono il retroscena: «Le imposture del potere non servono infatti solo a legittimarlo ma anche a celare la sua oscenità. Il vero potere è sempre «osceno». Opera cioè nel «fuori scena» (ob scenum). Sulla scena, nei luoghi istituzionali, viene inscenata una rappresentazione per il pubblico.» (31) Scarpinato dà una definizione dell'impostura: «La parola impostura viene dal verbo imponere: imporre. Il dizionario etimologico ci dice che il verbo «imporre» significa far portare un peso. Nel linguaggio ecclesiastico — quello utilizzato dal cardinale Mazzarino e dall'ordine dei gesuiti al quale apparteneva — il verbo *imponere* veniva talora usato nel senso di far portare il peso di una credenza mediante l'inganno.» (17-18). Consigliamo la lettura del libro *Il ritorno del Principe* per comprendere il funzionamento del potere politico nella società italiana.

Capitolo quarto

LIBERARCI DA ENTRAMBI I PADRONI

In una considerazione di tipo sociologico, quello che Zygmunt Bauman chiama «l'autostrada informatica» è guardata sin dalla sua genesi come portatrice della speranza di una democrazia nuova, piena perché atta a controllare non più i cittadini ma lo Stato, così «[...] è stata salutata come liberazione suprema della «società civile» dalla tutela oppressiva dello Stato e della sua burocrazia»[112]. Rimandando ad un'affermazione di Durkheim, per Bauman «emancipare l'individuo dalla società l'avrebbe ridotto in schiavitù anziché preannunciare la libertà individuale»[113], la quale per avvenire si fonda sul presupposto di verità e di etica che nei media deve tradursi in un'analisi oggettiva e non strumentalizzata di quanto viene riportato. «Ma, in realtà, lo smantellamento delle limitazioni e dei controlli politici (statali), anziché rendere la «società civile» libera e davvero autonoma, la apre al dominio indisturbato delle forze di mercato, cui i membri di quella società, ormai abbandonati a se stessi, non possono resistere.»[114]. In questo risiede per Bauman il pericolo del Ventunesimo secolo; combattere non la coercizione totalitaria, ma il crollo delle «totalità», quale lo Stato, capaci di garantirci la nostra autonomia, la nostra libertà.

1. Perché la televisione è un mezzo adatto alla propagazione della manipolazione politica?

1.1. Perché la televisione non sarà la nuova agora che promuove il dialogo.

La comunicazione politica mediatizzata odierna prende la forma di discorsi ufficiali, di interviste, di notizie e di talk show. Le modalità per raggiungere il cittadino sono dunque variegate. La comunicazione argomentativa, oggetto del nostro lavoro, riguarda essenzialmente il discorso politico orientato per natura a convincere più che a informare. La volontà di convincere presuppone un'opinione che è esposta all'uditorio in modo argomentato affinché la condivisione dell'opinione si trasformi in negoziazione — in consenso, nel contesto politico — dall'uditorio stesso al quale sono stati dati gli argomenti per ragionare e valutare liberamente il messaggio presentato. L'argomentazione è nata nel cuore della democrazia come strumento di un nuovo rapporto sociale basato sulla simmetria nelle relazioni interpersonali dove l'espressione e l'ascolto dell'altro, la capacità di rinunciare ai propri interessi personali per realizzare un progetto comune sono le condizioni e la forza della pacifica realizzazione. Quando il messaggio è imposto perché avviene attraverso la coercizione o la violenza psicologica — più o meno palese — si parla di manipolazione. La manipolazione è elaborata dal *pathos* per modificare le emozioni, gli istinti primari, a scapito della ragione, dell'uditorio. In questo modo, il discorso riesce a inoculare la paura o la speranza.

Ma l'*agora* è il luogo dove avveniva il confronto delle idee, il dibattito, la formazione del pensiero politico. L'*agora* è il luogo dove si può dialogare — comunicare attraverso il *logos* — e dunque rispondere. Il che la televisione non permette, anzi evita. Perché la televisione dà la preminenza all'immagine, dalla quale derivano tutta una serie di conseguenze che conducono ad appiattire il *logos*.

1.2. Perché il media è im-mediato

Il media è mediatore che prende il suo senso nell'immediato, creando in questo modo un'altra dimensione della realtà. Il messaggio, che sia di tipo argomentato o di tipo informativo, non è più adatto al mezzo televisivo per i motivi seguenti:

▸ Argomentare e informare eticamente presuppone il *logos*, condizione minima per rispettare la possibilità di riflettere, di valutare e di crearsi la propria opinione. La ragione interviene per ascoltare e per valutare in modo critico quanto gli viene detto. Ma la televisione parla alla ragione? La televisione, centrata sull'immagine vive sovraccaricando il telespettatore di sensazioni, di impulsi che vanno a toccare i suoi sensi, non razionali ma emozionali. Questo è il motivo per cui abbiamo osservato una predominanza del *pathos* nei discorsi alla Nazione. Possiamo dire lo stesso della notizia — pensando alla notizia politica — che, in quanto notizia destinata ad informare, prevede un uditorio che si interroga criticamente sui fatti presentati per trarne valutazioni personali. La televisione crea invece una notizia spettacolare che prevede un uditorio di massa, come il discorso alla Nazione, che attraverso un racconto vuol essere divertito, distolto dalla sua realtà quotidiana per essere proiettato in una finzione reale che lo assorbe, ma alla quale non si avvicina in una prospettiva critica.

▶ Il tempo inoltre è compresso e ridotto all'immediato, corre veloce lasciandoci nell'illusione che ciò che è stato detto un giorno fa non è più attuale e dunque non appartiene più alla realtà. Il discorso politico lascia la stessa sensazione al cittadino? Il discorso alla Nazione di norma non supera i 30 minuti e può essere integrato nel telegiornale — caso dei discorsi di fine anno del presidente della Repubblica italiana e della Repubblica francese — dove si succedono una quantità importante di immagini e di contenuti diversi su un breve arco di tempo.

▶ Inoltre il potere dell'immagine è preponderante e consente di comunicare molto in poco tempo. I professionisti dei media sanno bene che un'immagine telegenica e spettacolare dice più che un discorso, e poco importa se l'immagine non corrisponde al commento, perché la prima prende il sopravvento sul secondo e si annida meglio nella memoria del telespettatore, tanto meglio se riesce al colpire l'emozionale.

▸ Quel che resta al posto del *logos* in televisione è evidenziato con delle formule che accorciano il resoconto dei fatti, dunque manipolano con il silenzio e per la scelta semantica che qualifica il fatto trasformato in evento. Per esempio, la descrizione che G. W. Bush fa dei fatti accaduti l'11 settembre nel suo discorso è un caso lampante di questo fenomeno che si iscrive nel linguaggio giornalistico della televisione, che i giornalisti adottano ugualmente per presentare il notiziario.

▸ Infine, è emerso dalla nostra analisi dei discorsi che l'ideologia politica è evanescente nel discorso alla Nazione. Ci chiediamo se non si sia spostata in modo silenzioso per agire politicamente ed economicamente sui media. Il discorso dei media sembrerebbe in effetti notevolmente guidato più dalle élite politiche al potere che non dai loro avversari all'opposizione, come si è rivelato con Berlusconi, ed altri capi di Stato. Questo meccanismo si ripercuote anche sul contenuto semantico — elemento collegato al precedente punto — emesso dalla televisione che Breton e Proulx descrivono attingendo agli studi di Hall:

> L'analisi della semantica usata dai media per qualificare le prese di posizione degli avversari può rivelare un [...] meccanismo ideologico abbastanza sottile. Secondo Stuart Hall, non

è raro di vederci qualificare l'avversario di estremista o di constatare un'assimilazione dei protestatori ad una banda di delinquenti. Ancore più frequente, la manifestazione di un'opposizione è facilmente descritta attraverso termini quali sommossa, cospirazione, ribellioni, violenza, minoranza, agitazione, ecc. Si arriva così ad associare inconsciamente l'opposizione a dell'illegittimo e a del preoccupante, mentre l'ordine è definito come legittimo e rassicurante.[115]

Questa manipolazione, è retoricamente parlando, possibile grazie alla scelta semantica e alla contrapposizione, strategia adottata tra gli altri da Berlusconi.

▶ Con queste osservazioni, arriviamo al nodo di ciò che sia la potenzialità principale della televisione: una macchina che produce spettacolo. Lo spettacolo è strumento di influenza e dunque di manipolazione dei cittadini:

Diversamente da una pluralità di cittadini attivi nella sfera pubblica, la massa manipolata dall'azione totalitaria forgia le proprie convinzioni (o, piuttosto, le riceve già forgiate) attraverso canali irrazionali: ieri la superstizione o la religione, la propaganda e l'esaltazione nazionalistica, il culto della personalità del capo, il richiamo alla superiorità della propria razza; oggi, l'intrattenimento televisivo. Ciò spiega l'enorme pressione cui è sottoposto lo spazio della notizia come mito [che abbiamo chiamata *notizia spettacolare*], bensì l'intero sistema della manipolazione televisiva del consenso attraverso

l'intrattenimento (e la socializzazione televisiva)
[...].[116]

Alla luce di queste considerazioni, converrebbe parlare di spettacolarizzazione della politica, come conseguenza della sua mediatizzazione che, per le ragioni elencate, produce un effetto manipolativo e, per citare Chiesa e Villari, «l'effetto manipolativo finale è quello di annegare la politica nella brodaglia dello spettacolo»[117].

Il media mediatore audiovisivo è un filtro della realtà che la rielabora, la rende appetibile al suo pubblico proponendogli uno spettacolo che solletica i suoi sensi emozionali primari e zittisce il lavoro razionale dell'analisi critica. Da cittadino attivo, la massa diventa una massa eterogenea passiva e consumista, ignara della storia dalla quale veniamo e nella quale agiamo, prepariamo l'indomani, ma anche che ci consente di capire in modo critico e analitico il presente, e così di smascherare le manipolazioni politiche.

2. In che modo il mezzo televisivo ha condizionato il mestiere politico e la retorica politica?

2.1. Dire è fare

Una delle caratteristiche del linguaggio politico, come abbiamo visto, è la sua rilevante dimensione performativa. Parlare è già un agire, è già una presa di decisione. Considerando l'importanza della comunicazione politica mediatizzata nel mestiere dell'attore politico, costui finisce per dedicare tempo e sforzo soprattutto a comunicare. Sorge tuttavia la problematica anacronistica tra il tempo che occorre per vedere i risultati di una decisione e di un'azione politica e il tempo compresso dai media che induce i cittadini all'impazienza aumentando ulteriormente la pressione degli attori politici a dimostrare i risultati raggiunti. «Questo tempo differito» dice il filosofo francese Stiegler «è ciò che ha distrutto il tempo reale della comunicazione in diretta e degli aggiustamenti *just in time* della politica all'opinione, diventata da ciò un'audience, ed è precisamente ciò che caratterizza la telecrazia»[118].

2.2. Attivare la pancia, spegnere il cervello

Il sopruso del *pathos* nei discorsi politici dimostra la distruzione del senso ontologico della politica e del suo fine, perché la manipolazione delle emozioni o delle pulsioni — a questo mira Berlusconi quando parla alla pancia degli italiani, o Bush a quella degli statunitensi — è in politica una potente arma di distruzione sociale e del progetto comune che la società nutre per il suo bene comune, e di distruzione del dibattito politico e dunque del futuro politico e democratico. È in realtà il frutto di un modo antipolitico e antieducatore di condurre la *res publica*. Donatella Campus[119] parla in effetti di antipolitica al governo. Si tratta della caduta della *polis* cui la *philia* mantiene il corpo sociale unito e desideroso di costruire un avvenire in comune, invece gli attori politici tendono alla valorizzazione massima dell'individualismo quale virtù che loro stessi incarnano e promuovono. In effetti, questo modo di esercitare il mestiere politico non deriva dalla politica, ma dall'industria, come stiamo per vedere.

I mezzi televisivi e il conseguente adeguamento della politica all'industria dei media non hanno forse ridotto la politica alla dimensione pulsionale per i motivi presentati? Stiegler, che vede nella televisione un prodotto industriale la cui prepotenza ne ha fatto una telecrazia contro la democrazia, afferma che gli innovatori della politica pulsionale sono i rappresentanti politici Silvio Berlusconi e George W. Bush che hanno sfruttato «sistematicamente il populismo industriale sviluppato dai media audiovisivi»[120]. Secondo la definizione del populismo di Ludovico Incisa, questo non sarebbe una dottrina nata da un'elaborazione teorica organizzata. L'autore preferisce parlare di *sindrome*, perché latente, ma ciò porta a dare una certa ambiguità concettuale al movimento. Il termine fa riferimento al «popolo considerato come aggregato sociale omogeneo e come depositario esclusivo di valori positivi, specifici e permanenti»[121]. Il populismo sarebbe incompatibile con l'apertura internazionale, perché:

> [...] fideistico nelle sue premesse, diventa nei suoi moduli operativi messianico temendo continue insidie alla purezza popolare e ricercandone la sopravvivenza o la salvezza in forme carismatiche; diventa manicheo, mirando all'espulsione radicale del sistema politico e sociale di ciò che non è popolo quale germe parassitario e corruttore. Donde la presenza allo stato pubblico o larvato in quasi tutti i populismi di una costante modalità razzista.[122]

A conferma del ragionamento che Stiegler opera tra il populismo e l'industria dei media come una produzione, Incisa specifica che il populismo tende a permeare in particolare in fase acuta del processo di industrializzazione perché «offre un punto di coesione e di sutura e nel contempo un punto di richiamo e di coagulo con una capacità elevata di mobilitazione, presentandosi come una formula omogenea alla singole realtà nazionali di fronte alle ideologie «importate», come una formula autarchica»[123]. Salvo che attualmente la formula autarchica si è fatta globale per via di un uso abbastanza omogeneo dei media nelle società democratiche. Per questo motivo, Stiegler parla di populismo industriale dove opera la politica pulsionale. «Il populismo industriale è ciò che utilizza il potere dei media di massa, e in particolare dei media audiovisivi, per sostenere un utile del capitale finanziario delle pulsioni che questi media consentono di provocare e di manipolare e, singolarmente, nel caso della televisione, quella che viene chiamata la cosiddetta "pulsione scopica[124]".»[125]. Il potere politico usa il potere dei mezzi audiovisivi per attivare le pulsioni dei telespettatori cittadini, da cui la cosiddetta telecrazia, strumento di distruzione della democrazia.

La politica si ridurrebbe ad uno spettacolo commerciale?

Possiamo affermare di sì nella misura in cui l'allocuzione gioca sulle emozioni e non si preoccupa di fornire degli elementi informativi seri al cittadino. Quando il *pathos* fa prendere il sopravvento delle pulsioni sulla riflessione per intenti politici inespressi mentre l'oratore vuole fare apparire la sua politica, di parte, per il bene comune della Nazione senza che sia percepita la manipolazione, capiamo che la strategia verte anche a ridurre il livello del pensiero a zero. Il mezzo di trasmissione del contenuto determina inoltre anche il senso e i simboli che attribuiamo al contenuto. Per questo motivo la politica e i mezzi televisivi concorrono in una direzione convergente di appiattimento dell'analisi da parte dello spettatore-cittadino.

Da queste sintetiche considerazioni, possiamo intuire l'enorme pressione cui è sottoposto il discorso politico, come spazio concesso all'interno delle dinamiche della macchina di produzione televisiva che genera un intero e complesso sistema della manipolazione del consenso attraverso l'intrattenimento e lo spettacolo. Se la finalità del discorso alla Nazione è ottenere un consenso massiccio da parte dei cittadini, l'oratore politico che comunica in televisione deve sottoporsi alla condizione di presentare la sua allocuzione sotto forma di spettacolo, di divertimento politico. Il mezzo audiovisivo, a prescindere della serietà dell'attore politico, contribuisce a rendere la politica mediatizzata a-politica. I media dedicano e promuovono uno spazio alla parola rilevante, dirompente, ma ricordiamoci che la retorica consiste nel convincere della bontà di una verità cui il processo avviene nella relazione con l'altro in vista di fargli prendere le sue responsabilità nell'azione, ovvero l'abilità a rispondere di sé. «È vero che il potere si prende spesso con la parole» afferma Hude «ma l'arte di *convincere*, se non è una tirannia o un'impostura, deve prima essere una manifestazione autentica della forza della ragione che svela la verità»[126]. Alla luce dell'analisi, ci sembra che questo presupposto etico, ma anche democratico, sia attualmente tralasciato sia dagli attori politici, tesi a raggiungere mire politiche personali a scapito del bene comune e sia dagli attori dei media essenzialmente orientati a vendere un prodotto immateriale, divertente e confezionato secondo le tecniche del marketing e della pubblicità. Per il potere politico al governo diventa allora facile controllare e usare i media come mezzo diretto o velato per diffondere e amplificare le idee e visioni prefabbricate dei dirigenti che detengono il potere con ambizioni dominatrici.

Ci rifiutiamo di credere che la politica e la contesa del suo potere rendano inerente la necessità di usare la manipolazione e l'arte della menzogna politica, descritta da Jonathan Swift[127] che dimostra che l'affabulazione, per esempio, è un processo diabolico della menzogna. Nella prospettiva di Swift, la menzogna politica ai cittadini è fatta al fine del loro bene.

Oggi, è eminente il bisogno di confrontarsi con i valori di cui si nutre la società e che impostano la prassi politica per ridare vita alla sua dimensione ontologica e creare un vero dialogo tra cittadini e governanti. Per questo motivo, perché possa costituirsi un'etica della comunicazione politica e dei media, crediamo che bisogni partire dall'inizio di ciò che rende possibile l'esistenza della comunicazione: la relazione. La parola deve essere riabitata dall'essere umano che la nutre con i suoi valori. Non intendiamo certo elencare dei postulati dell'etica della comunicazione perché il nostro fine è aprire alla comprensione e tentare di rendere la verità afferrabile entro i limiti della presente opera. L'analisi è normativa, ma non per questo pretendiamo di delineare delle norme a servizio del comportamento etico per gli attori politici o gli operatori dei media. A questo riguardo tanto è stato detto e citiamo ad esempio Bellino[128], che ha pubblicato l'opera *Per un'etica della comunicazione* che raccoglie le correnti di pensiero sull'argomento. Il nostro intento è stato quello di mostrare i meccanismi che organizzano la retorica politica dei capi di Stato nei loro discorsi, capirli e spiegarli per dare la possibilità al cittadino di farsi un'idea, magari di completare la propria conoscenza per rendere sempre più acuti il suo sguardo e la sua azione nei confronti della *res publica*, quale atto di responsabilità per il vivere insieme.

Note

1 Karl R. POPPER, Cattiva maestra televisione, Marsilio, Venezia 2002, 80.

2 Carlo Azeglio CIAMPI, *Dizionario della Democrazia*, Edizioni San Paolo, Cinisello Balsamo 2005, 57.

3 Roger SILVERSTONE, *Perché studiare i media?*, Il Mulino, Bologna 2002, 61.

4 Roger SILVERSTONE, *Perché studiare i media?*, Il Mulino, Bologna 2002, 61.

5 Bernard LAMIZET, *Communication politique*. Institut d'Etudes Politiques de Lyon, Lyon 2002-2003. Vedere parte *Les formes du langage*, 4. *L'identité politique*, sezione *Indentité, citoyenneté, pratiques politiques*. Trad. M-C Beylier dal testo originale: «ensemble d'actes et de pratiques auxquels on peut reconnaître l'appartenance sociale de l'acteur qui les met en oeuvre dans un espace où il rencontre d'autres acteurs auquel il se trouve confronté - dans la lutte ou dans le simple exercice de la sociabilité.»

6 Cf. LAMIZET, *Communication politique*, capitolo 1. *Le miroir du politique*, sezione *La vie politique comme miroirs politiques*.

7 Cf. RIUTORT, *Sociologie de la communication politique*, Editions La Découverte, Paris 2007, 17-18.

8 Dominique CHAGNOLLLAUD, *Science politique*, Dalloz, Paris 2004, 290. Traduzione di M-C Beylier dal testo originale: «Le contact direct avec les électeurs, le courrier, la «présence sur le terrain» permettent d'identifier les demandes tout autant voire mieux que les sondages ou enquêtes d'opinion fugitives. Au travers de cette relation se tissent des réseaux personnels et collectifs (associations, groupes d'intérêt, etc.) qui fondent une relation d'échanges et donc un clientélisme.»

9 Bernard LAMIZET, *Communication politique*, capitolo 1. *Le miroir du politique*, sottocapitolo *La dimension politique du stade du miroir*. Traduzione di M-C Beylier dal testo: «[...] les médias et les représentations qui assurent la représentation

des institutions auprès des citoyens, qui, ainsi, sont en mesure de les reconnaître.»

10   Bernard LAMIZET, *Communication politique*, capitolo 1. *Le miroir du politique*, sottocapitolo *La dimension politique du stade du miroir*. Traduzione di M-C Beylier dal testo: «[...] Les acteurs politiques et les élus qui assurent la représentation des citoyens dans le cadre des pratiques institutionnelles qui fondent la démocratie sous la forme des stratégies de communication et d'information qui en assurent la visibilité et en ordonnent la signification.»

11   Bernard LAMIZET, *Communication politique*, capitolo 2. *Pouvoir, communication*. Traduzione di M-C Beylier dal testo originale: «La communication politique donne la visibilité d'un système de formes et de représentations symboliques aux acteurs qui exercent leurs pouvoirs et mettent en pratique les choix et les orientations de la médiation politique.»

12   Jean-Marie DONEGANI – SADOUN Marc, *Qu'est-ce que la politique?*, Gallimard, Paris 2007, 307. Traduzione di M-C Beylier dal testo originale: «Le politique culmine dans la décision souveraine qui ne peut jamais, au contraire de ce qu'enseigne le positivisme juridique, etre déduite d'une norme précédente.».

13   Jean-Marie DONEGANI – SADOUN Marc, *Qu'est-ce que la politique?*, pp.309-310.

14   Cf. HUDE, *Ethique et politique*, 7.

15   Henri HUDE, *Ethique et politique*, Editions Universitaires, Condé-sur-Noireau 1992, 14. Traduzione di M-C Beylier dal testo originale: «l'ensemble des réalités humaines (choses, places, activités, relations, etc.) qui peuvent contribuer à notre bonheur»; «la bonté morale des actes que nous accomplissons à la recherche de notre bonheur.»

16   Bernard LAMIZET, *Communicatione politique*, capitolo 3. *Communication et décision*, sottocapitolo *Le processus de décision: un parcours entre symbolique et réel*. Traduzione di M-C Beylier dal testo originale: «[...] que l'on peut comparer à l'instance du métalangage dans la communication: elle en assure le contrôle et l'interprétabilité au fur et à mesure de ses différents moments.»

17   Jean-Marie DONEGANI – SADOUN Marc, *Qu'est-ce que la politique?*, 142. Traduzione di M-C Beylier dal testo originale: «[...] comme une entreprise de caractère

institutionnel dont la direction administrative revendique avec succès, dans l'application des règlements, sur un territoire donné, le monopole de la contrainte physique légitime.»

18   Jean-Marie COTTERET, *Gouverner, c'est paraître*, PUF, Paris 2002, 161. Traduzione di M-C Beylier dal testo originale: «L'anarchie en communication profite à ceux qui ont des conduites manipulatrices.»

19   Si pensa allo scandalo del Watergate denunciato dal WashingtonPost negli anni '70

20   Jan VAN DIJK, *Sociologia dei nuovi media*, il Mulino, Bologna 2002, 109.

21   In generale, si risale al 1991, momento della guerra del Golfo.

22   Jügen HABERMAS, *L'espace public*, Editions Payot, Paris 1962, 241.

23   Jean-Marie COTTERET, *Gouverner c'est paraître*, 182. Traduzione di M-C Beylier dal testo originale: «[...] source d'un rapprochement légal et légitime entre ceux qui détiennent le pouvoir et ceux qui y sont soumis.»

24   Cf. LAMIZET, *Communication politique*. Vedere parte 2. *Pouvoir, communication, influence: la communication médiatée et l'influence*.

25   Cf. JONES, *Soubites and Spindoctors: How Politicians Manipulate the Media – And Vice Versa*, Indigo Edition, London 1996.

26   Marc ABÉLÈS, *Anthropologie de l'Etat*, Payot, Paris 2005, 171. Traduzione di M-C Beylier dal testo originale: «Devant son écran, le téléspectateur attend de voir surgir un visage, il est attentif à une voix, à un ton: un bon leader est celui qui a su construire cette «différence» à l'aide des spécialistes en marketing et en audiovisuel.»

27   Marc ABÉLÈS, *Anthropologie de l'Etat*, 171.

28   Donato BENDICENTI, *Con-vincere*, Donzelli, Roma 2005, 36.

29   Nigel BOWLES, *Government and Politics of the United States of America*, 2nd Revised edition, Palgrave Macmillan, Houndmills 1998, 104.

30   Gianpietro MAZZOLENI, *La comunicazione politica*, il Mulino, Bologna 2005, 50.

31   Gianpietro MAZZOLENI, *La comunicazione politica*, 50-51.

32   Murray EDELMAN, *Constructing the political spectacle*,

Chicago, University Press, 1988, trad it. *Costruire lo spettacolo politico*, Nuova Eri, Torino 1992, 98.

33   Pubblicità per la rivista Prima Comunicazione del suo primo numero. Numero 1, giugno 1973, pagina 33. Riportiamo lo slogan di questa pubblicità che a nostro avviso si addice alla comunicazione di Silvio Berlusconi. A titolo di esempio (e ce ne sono troppi per essere riportati tutti), il 15 ottobre 2009 fa la dichiarazione che segue alla conferenza stampa dopo il vertice bilaterale di Sofia e che viene riportata dal «Corriere della Sera»: «Io sono una persona forse troppo buona, sicuramente giusta. Mi piacerebbe che tutti lo riconoscessero. Io faccio di tutto per farmi amare, anche dai media.». *Berlusconi frena sulle pensioni: «Non è nel programma immediato»*, in «Corriere della Sera» (16.10.2009), http://www.corriere.it/politica/09_ottobre_15/berlusconi_popolarita_bulgaria_f2819c6a-b99a-11de-880c-00144f02aabc.shtml.

34   Il discorso è stato trovato sul sito internet http://cini92.altervista.org/discorsoberlusconi.html e confrontato con il video sul sito del partito Popolo della Libertà all'indirizzo http://www.ilpopolodellaliberta.it/silvioberlusconi/.

35   Cf. GUALDO, DELL'ANNA, *La faconda Repubblica. La lingua della politica in Italia (1992-2004)*, Manni, San Cesario di Lecce 2004, 77.

36   Riportato da Dell'Anna, 77.

37   STRACQUADANIO, intervista del 3 luglio 2009.

38   GUALDO, DELL'ANNA, *La faconda Repubblica. La lingua della politica in Italia (1992-2004)*, 77.

39   Cf. AMADORI, *Mi consenta. Metafore, messaggi e simboli. Come Silvio Berlusconi ha conquistato il consenso degli Italiani*, Libri Scheiwiller, Milano 2002, 159. Per un'analisi psicologica della comunicazione di Berlusconi rimandiamo a questo libro.

40   Giorgio FEDEL, *Parola mia. La retorica di Silvio Berlusconi*, in «Il Mulino», 2003,472

41   LIVOLSI Marino, Ugo VOLLI, *Personalizzazione e distacco. Le elezioni europee e regionali (1999)*, FrancoAngeli, Milano, 2000, 68.

42   SANTULLI, *Le parole del potere, il potere delle parole. Retorica e discorso politico*, FrancoAngeli, Milano 2005, 40.

43   PERELMAN, *L'empire rhétorique. Rhétorique et*

argumentation, Vrin, Paris 1984, 175. Tradotto da MC Beylier dal testo originale: «La force d'un argument dépend de l'adhésion des auditeurs aux prémisses de l'argumentation, de la pertinence de celle-ci, du rapport proche ou lointain qu'elle peut avoir avec la thèse défendue, des objections qu'on pourrai lui opposer, de la manière dont on pourrait les réfuter.»

44   Giorgio FEDEL, *Parola mia. La retorica di Silvio Berlusconi*, Il Mulino, 2003, 470.

45   GUALDO, DELL'ANNA, *La faconda Repubblica. La lingua della politica in Italia (1992-2004)*, 11

46   GERONIMO, *Dietro le quinte. La crisi politica nella Seconda Repubblica*, Arnoldo Mondadori Editore, Milano 2002, 95. Geronimo è lo pseudonimo dell'uomo politico Paolo Cirino Pomicino, esponente della Democrazia Cristiana. Fra i vari incarichi, è stato consigliere e assessore del Comune di Napoli deputato alla Camera dal 1976 al 1994, ministro della Funzione Pubblica dal 1988 al 1989 e ministro del Bilancio dal 1989 al 1992.

47   La cifra esatta dei debiti della Fininvest a quella data non è comunicata in modo consono. Alcuni autori riportano una cifra assai maggiore, altri minore. La cifra che riportiamo è data da Marc LAZAR, in *Democrazia alla prova. L'Italia dopo Berlusconi*, Laterza, Roma-Bari, 2007, 11.

48   GERONIMO, *Dietro le quinte. La crisi politica nella Seconda Repubblica*, 163.

49   Per maggiori approfondimenti rimandiamo al libro di Gianpaolo PANSA, *L'intrigo*, Sperling & Kupfer, Milano 1990.

50   Marcello Dell'Utri intervistato da Antonio Galdo per il libro *Saranno potenti?*, Sperling & Kupfer, Milano 2003.

51   Giorgio DELL'ARTI, *Intervista: Il conduttore Giuliano Ferrara propone una ferrea legge antitrust modellata sul sistema Usa «La Rai? Al lumicino Fininvest con una rete»* in «La Stampa» (25.02.1994), 8.

52   Curzio MALTESE, *Sinistra, giudici, Rai ora basta con le guerre* in «La Repubblica» (25.06.2000), 11.

53   GERONIMO, *Dietro le quinte. La crisi politica nella Seconda Repubblica*, 161-162.

54   Marc LAZAR, *Democrazia alla prova. L'Italia dopo Berlusconi*, Laterza, Roma-Bari 2007, 28.

55   Marc LAZAR, *Democrazia alla prova. L'Italia dopo*

Berlusconi, 23.

56   GERONIMO, *Dietro le quinte. La crisi politica nella Seconda Repubblica*, 13

57   È la chiave di lettura che Paolo Mancini usa per studiare la comunicazione politica di Berlusconi, opponendosi a due approcci che vedono in Berlusconi l'antipolitico (Donatella Campus) o il populista (Marc Lazar) perché troppo riduttivi in quanto non tengono conto di cosa sia cambiato nella politica italiana. Intervento di Paolo Mancini al Convegno della Società Italiana di Scienza Politica, Roma, il 19 settembre 2009.

58   Il discorso è stato consultato sul sito internet http://www.abbadia-lariana.it/popolodellaliberta/Forza_Italia_Notizie il 29.05.2009, poi non più reperibile, ma consultabile sul sito http://silvioconnoi.splinder.com/archive/2005-07.

59   Vedi Maria LATELLA, *Il Cavaliere alla regia per la «preghiera laica» da Arcore* in «Corriere della Sera» (19.05.2003); *Berlusconi: «dobbiamo evitare che il comunismo vada al potere»* in «La Repubblica» (18.05.2003).

60   STRACQUADANIO, intervista del 3 luglio 2009.

61   STRACQUADANIO, intervista del 3 luglio 2009.

62   Gianni BAGET BOZZO, *Dalla liberazione alla libertà*, in «Il Giornale» (28.04.2009).

63   STRACQUADANIO, intervista del 3 luglio 2009.

64   E non eletto dai cittadini.

65   Cf. FEDEL, *Parola mia. La retorica di Silvio Berlusconi*, in «Il Mulino», 2003, 463.

66   Cf. BENEDETTI, *Il linguaggio e la retorica della nuova politica italiana: Silvio Berlusconi e Forza Italia*, Genova, Erga Edizioni, 2004.

67   Nel libro *Dossier P2*, a pagina 15, viene data la seguente definizione della loggia P2: «La P2 di Licio Gelli era una organizzazione del potere occulto che affondava le sue radici storiche nel ruolo dei servizi segreti americani durante la ricostituzione della massoneria in Italia, dopo lo sbarco degli anglo-americani in Sicilia e dopo la Liberazione.» «la democrazia italiana non è riuscita a sanare la piaga della P2, le stesse indicazioni contenute nelle conclusioni della Commissione parlamentare d'inchiesta sono rimaste in parte disattese. Il sistema corruttivo di matrice politico-affaristica proprio della Loggia gelliana ha continuato a

prosperare in forma occulta negli anni Ottanta dell'intesa politica del Caf (Craxi, Andreotti, Forlani), poi nei Novanta durante gli anni del potere berlusconiano. Il "fratello" Silvio Berlusconi in pratica ha unito il programma politico piduista (il «Piano di rinascita») ai propri interessi politico-affaristici basati sul monopolio dell'emittenza televisiva e sul controllo monopolistico della stampa.» si legge a pagina 23, come conclusione dell'introduzione del libro.

68   Intendiamo precisare un elemento non anodino; Licio Gelli è stato ufficiale fascista di collegamento tra l'X2 dell'OSS (Office of strategic Services statunitense) e la Decima MAS del Principe Valerio Borghese durante la costituzione del *stay behind* — rete clandestina della CIA meglio conosciuta sotto il nome di Gladio, P2, Rosa dei Venti — in Italia.

69   Concita DE GREGORIO, *Licio Gelli: «È finita proprio come dicevo io»*, in «La Repubblica», 28 settembre 2008.

70   *Dossier P2*, Kaos Edizioni, Milano, 2008, 282. Il contenuto dello Schema R è pubblicato in appendice del libro (275-287).

71   Claudia FUSANI, *E Gelli disse: «Berlusconi ha copiato il mio progetto politico»*, in «L'Unità», 24.09.2009, http://www.unita.it/news/italia/88800/e_gelli_disse_berlusconi_ha_copiato_il_mio_progetto_politico.

72   *Dossier P2*, Kaos Edizioni, Milano, 2008, 287.

73   Jolanda BUFALINI, *Il controllo dei media incipit della grande opera*, in «L'Unità», 23 settembre 2009, pagina 25.

74   Suggeriamo a questo proposito la lettura dell'articolo di Carlo Augusto VIANO, *Il liberalismo oppressivo: Da Benedetto Croce a Marcello Pera, la storia del liberalismo in Italia ha seguito strane parabole, lasciando il nostro paese orfano di un'autentica ispirazione liberale. Oggi la bandiera del liberalismo è sventolata da mediocri intellettuali di regime, portavoce di un bizzarro, e prettamente italiano, "liberalismo oppressivo"*, in «MicroMega», numero 4, 2009, 75.

75   O per dirla come uno degli avvocati di Berlusconi, Niccolò Ghedini, «la legge è uguale per tutti, ma non necessariamente la sua applicazione». Cf. *Lodo Alfano, Ghedini: «L'applicazione della legge non è uguale per tutti»* in «Il sole24Ore» (6 ottobre 2009), http://www.ilsole24ore.com/art/SoleOnLine4/Italia/2009/10/lodo-alfano-ghedini-applicazione-legge-non-uguale.shtml?uuid=241bcc64-b25c-

11de-8d23-df24a6addf7c.

76   Intervista all'on. Stracquadanio del 3 luglio 2009.

77   Intervista all'on. Stracquadanio del 3 luglio 2009.

78   Cf. CHIAIS, *Menzogna e propaganda. Armi di disinformazione di massa*, Milano, Lupetti, 2008, 172.

79   Carlo GALLI, *La differenza tra partito e popolo*, in «La Repubblica» (30.09.2009), pagina 1.

80   GALLI Carlo, *La differenza tra partito e popolo*, in «La Repubblica» (30.09.2009), pagina 1.

81   Norberto BOBBIO et al., *La sinistra italiana nell'era del karaoke*, Donzelli, Milano 1995.

82   Paolo GUARINO, *Aspettando la politica*, in «Newpolitics», Numero 12, febbraio 2006, pagina 24.

83   Cf. LAZAR, *Democrazia alla prova. L'Italia dopo Berlusconi*, Laterza, Roma-Bari, 2007.

84   Paolo MANCINI, *Ancora berlusconate. E se non si trattasse di populismo*, XXIII Convegno annuale SISP, Roma, 17-19 settembre 2009. http://www.sisp.it/files/papers/2009/paolo-mancini-462.pdf

85   Citato dall'articolo di Pierre MUSSO, *Il sarkoberlusconismo. Le tecnologie del potere*, in «Psicologia contemporanea», N.215 Set.-ott. 2009, 21-22.

86   Cf. CRAPIS, *Televisione e politica negli anni Novanta: cronaca e storia 1990-2000*, Meltemi, Roma 2006. Per approfondimenti sulle regole e provvedimenti adottati in materia di trasmissione televisiva, invitiamo a consultare l'opera di Crapis.

87   «Sono quattro i poli privati. Il primo è quello di Berlusconi. Ecco il destino degli altri. Rizzoli si fa fuori da sé nel 1981 quando saltano fuori le liste della P2. Rusconi, l'editore di Gente e Eva Express, possiede Italia 1 (18 emittenti locali, palinsesto ad alto gradimento, Candy Candy a Morky &Mindy) ma lascia nell'agosto 1982 quando la tv ha appena otto mesi di vita. Ai senatori che nell'88 indagano sull'emittenza televisiva lo stesso Rusconi dice d'essere uscito «pur avendo una posizione quasi preminente perché il nostro concorrente fruiva di un flusso di denaro illimitato». Berlusconi compra Italia 1 per 32 miliardi. Nel giugno 1983 si vota, Craxi ha ben chiaro il potere della tivù per la creazione del consenso, Canale 5 e Italia 1 insieme garantiscono un'alta copertura e appoggia, in tutto e per tutto, l'amico Silvio.

Resta Rete 4 del gruppo Mondadori-Caracciolo-Perrone, magazzino con duemila ore di intrattenimento: La schiava Isaura, Dancing days, Dynasty. Il duello finale si combatte nell'autunno del 1983. Rete 4 punta sul più "impegnato", si fa per dire, Venti di Guerra, 20 miliardi per assicurarsi la saga con Robert Mitchum e Ali Mc Graw. Canale 5 spende molto meno e punta sulla pruderie del sacerdote bello e impossibile che s'innamora. Vincono Padre Ralph e Canale 5: nell'agosto 1984 Berlusconi acquista frequenze, bande e magazzini di Rete 4 per 135 miliardi.» Claudia FUSANI, *Così Berlusconi prende tutto*, «L'Unità» (28.09.2009).

88   Giancarlo BOSETTI, Mauro BUONCORE (edd.), *Giornali e tv negli anni di Berlusconi*, Marsilio Vincenza 2005, 21.

89   Claudia FUSANI, *Così Berlusconi prende tutto*, «L'Unità», 28.09.2009.

90   Cf. NOVELLI, *La turbo politica: sessant'anni di comunicazione politica e di scena pubblica in Italia 1945-2005*, RCS Libri, Milano, 2006.

91   Edoardo NOVELLI, *La turbo politica: sessant'anni di comunicazione politica e di scena pubblica in Italia 1945-2005*, 58.

92   Edoardo NOVELLI, *La turbo politica: sessant'anni di comunicazione politica e di scena pubblica in Italia 1945-2005*, 58-59.

93   Marc LAZAR, *Democrazia alla prova. L'Italia dopo Berlusconi*, Laterza, Roma-Bari, 2007, 13.

94   La constatazione che traiamo oggi della prassi politica mediatizzata ci porterà più avanti nel libro a trarre conclusioni serie sulle sue conseguenze sulla democrazia. Vorremmo già dire che abbiamo a che fare con una narcotizzazione della democrazia che avanza in silenzio con una maschera su un terreno dove l'etica politica è totalmente evanescente. Riteniamo a questo proposito degno di interesse il lavoro del filosofo Bernard Stiegler.

95   Edoardo NOVELLI, *La turbo politica: sessant'anni di comunicazione politica e di scena pubblica in Italia 1945-2005*,94.

96   Edoardo NOVELLI, *La turbo politica: sessant'anni di comunicazione politica e di scena pubblica in Italia 1945-2005*, 145.

97   Nell'ottica dell'oratore, di colui che produce il messaggio.

98   Ricordiamo che questo è il caso del primo e del terzo discorso che abbiamo analizzato.

99   Alessandro AMADORI, *Mi Consenta. Metafore, messaggi e simboli. Come Silvio Berlusconi ha conquistato il consenso degli italiani*, Libri Scheiwiller, Milano, 2002, 86.

100   Alessandro AMADORI, *Mi Consenta. Metafore, messaggi e simboli. Come Silvio Berlusconi ha conquistato il consenso degli italiani*, 30.

101   Alessandro AMADORI, *Mi Consenta. Metafore, messaggi e simboli. Come Silvio Berlusconi ha conquistato il consenso degli italiani*, 28.

102   Alessandro AMADORI, *Mi Consenta. Metafore, messaggi e simboli. Come Silvio Berlusconi ha conquistato il consenso degli italiani*, 27.

103   Cf. CRONKHITE, *La persuasione: comunicazione e mutamento del comportamento*, 3. Ed., Angeli, Milano 1989.

104   Paolo MANCINI, *Ancora berlusconate. E se non si trattasse di populismo*.

105   Paolo MANCINI, *Ancora berlusconate. E se non si trattasse di populismo*.

106   Paolo MANCINI, *Ancora berlusconate. E se non si trattasse di populismo*.

107   Paolo MANCINI, *Ancora berlusconate. E se non si trattasse di populismo*.

108   Come il cattivo che vuole apparire buono descritto nella pubblicità di Prima Comunicazione, l'antidemocratico che vuole apparire democratico, fa discorsi e ripete che è democratico, è Il difensore della democrazia.

109   Pensiamo ai piani lobbisti, alla loggia massonica P2, a tutti quelli che costruiscono i piani nell'ombra e poi dicono che sono quelli che il popolo ha scelto, mentre il popolo non vede che al vertice del potere politico si attuano piani lontani dai loro interessi.

110   Lodato SAVERIO, Roberto SCARPINATO, *Il ritorno del principe. La criminalità dei potenti in Italia*, Chiarelettere, Milano, 2008, 27.

111   Saverio LODATO - Roberto SCARPINATO, *Il ritorno del principe. La criminalità dei potenti in Italia*, Chiaralettere, Milano 2008, 28.

112   Zygmunt BAUMAN – TESTER Keith, *Società, etica, politica: Conversazioni con Zygmunt Bauman*, Raffaello Cortina Editore, Milano 2002, 144.

113   Ibid.

114   Zygmunt BAUMAN – TESTER Keith, *Società, etica, politica: Conversazioni con Zygmunt Bauman*, 145.

115   Philippe BRETON, Serge PROULX, *L'explosion de la communication. Introduction aux théories et aux pratiques de la communication*, La Découverte, Paris 2006, 199. Traduzione di M-C Beylier dal testo originale: «L'analyse de la sémantique utilisée par les médias pour qualifier les prises de position des opposants peut révéler un [...] mécanisme idéologique assez subtil. Selon Stuart Hall, il n'est pas rare d'y voir qualifié l'opposant d'extrémiste ou d'y constater une assimilation des protestataires à une bande de délinquants. Encore plus couramment, la manifestation d'une opposition est facilement décrite à l'aide de termes comme émeute, conspiration, rebelles, violence, minorité, agitation, etc. On en arrive à associer inconsciemment l'opposition à de l'illégitime et à de l'inquiétant, alors que l'ordre est défini comme légitime et rassurant.»

116   Michele LOPORCARO, La retorica senza lumi dei mass media italiani, Feltrinelli, Milano 2005, 24.

117   Giulietto CHIESA, Marcello VILLARI, *Superclan. Chi comanda l'economia mondiale?*, Feltrinelli, Milano 2003, 27.

118   Bernard STIEGLER, *La télécratie contre la démocratie*, Flammarion, Paris 2008, 24. Traduzione di M-C Beylier dal testo originale: «Ce temps différé est ce qu'a détruit le temps réel de la communication en direct et des ajustements *just in time* de la politique à l'opinion, devenue par là même une audience, et c'est précisément ce qui caractérise la télécratie.»

119   Donatella CAMPUS, *L'antipolitica al governo. De Gaulle, Reagan, Berlusconi*, Il Mulino, Bologna 2006.

120   Bernard STIEGLER, *La télécratie contre la démocratie*, 16-17. Traduzione di M-C Beylier dal testo originale: «systématiquement le populisme industriel développé par les médias audiovisuels.»

121   Ludovico INCISA in BOBBIO Noberto, MATTEUCCI Nicola (a cura di), *Dizionario di politica*, UTET, Torino 1976, 762.

122   Ludovico INCISA, 763.

123   Ludovico INCISA, 767.

124   *Scopica, scopique* in francese, che deriva dal greco *skopê* (come la parola *endoscopia, osservazione dentro* a) si riferisce allo sguardo del soggetto, spettatore della comunicazione visuale.

125   Bernard STIEGLER, *La télécratie contre la démocratie*, 19. Traduzione di M-C Beylier dal testo originale: «Le populisme industriel, c'est ce qui utilise le pouvoir des médias de masse,

et en particulier des médias audiovisuels, pour soutirer une plus-value financière des pulsions que ces médias permettent de provoquer et de manipuler, et singulièrement, dans le cas de la télévision, ce que l'on appelle la "pulsion scopique".»

126   Henri HUDE, L'étique des décideurs, 434. Traduzione di M-C Beylier dal testo originale: «Il est vrai que le pouvoir se prend souvent par la parole, mais l'art de convaincre, s'il n'est pas une tyrannie ou une imposture, doit être d'abord une manifestation authentique de la force de la raison qui dévoile la vérité».

127   Jonathan SWIFT, L'arte della menzogna politica, Rizzoli, Milano 2010.

128   Per approfondimenti: Francesco BELLINO, Per un'etica della comunicazione, Mondadori, Milano 2010.

Indice